智元微库
OPEN MIND

成长也是一种美好

演讲的逻辑

关键时刻
真实、清晰、高效表达

陶峻　五顿　著

人民邮电出版社
北京

图书在版编目（CIP）数据

演讲的逻辑 : 关键时刻真实、清晰、高效表达 / 陶峻, 五顿著. -- 北京 : 人民邮电出版社, 2022.2(2024.3重印)
ISBN 978-7-115-58261-4

Ⅰ. ①演… Ⅱ. ①陶… ②五… Ⅲ. ①演讲—语言艺术 Ⅳ. ①H019

中国版本图书馆CIP数据核字(2021)第261636号

◆ 著　陶　峻　五　顿
责任编辑　刘艳静
责任印制　周昇亮

◆人民邮电出版社出版发行　北京市丰台区成寿寺路 11 号
邮编 100164　电子邮件 315@ptpress.com.cn
网址 https://www.ptpress.com.cn
河北京平诚乾印刷有限公司印刷

◆开本：720×960　1/16
印张：17.25　2022 年 2 月第 1 版
字数：300 千字　2024 年 3 月河北第 9 次印刷

定　价：88.00 元

读者服务热线：（010）67630125　印装质量热线：（010）81055316
反盗版热线：（010）81055315
广告经营许可证：京东市监广登字20170147号

献给

追求自我、不断进取，又想在公开场合更好地表达的朋友我的语言的界限，意味着我的世界的界限。

——维特根斯坦

推荐序

人为什么要学讲话

我们从小上学，几乎没有人教我们怎么好好说话。2021 年年底，两个小学老师在课堂上羞辱一个小女孩的视频引起了大家的公愤，但其实那个视频是老师拍的，是老师发给家长的，并不是小学生也学会举报了。这说明两位老师的共识是这样说话没有问题，义正词严、逻辑清晰、步步紧逼。我看了那个视频内心还是比较淡定的，因为我小时候遇到的情形比那个小女孩只会更严重。后来读了些书才明白，原来所谓教育，并不是老师让学生记下来的笔记，而是老师和家长每天的所作所为。孩子们处于无时无刻不在学习的模式。所以你以为你对孩子提出的都是正确的要求，但孩子却按照你示范的样子长大了。

所以我们走上社会以后普遍不太会说话。具体表现有：一、习惯性喜欢抬杠，但并不真的懂逻辑。二、和熟人说话没有分寸感，但自己却容易玻璃心。三、渴望获得影响力，但上台就紧张。四、喜欢对他人提要求，但一不小心就威胁或交换。我们自己这样长大，再用同样的方法对待孩子，生活的烦恼就这样一代又一代地传递下去。有人说，没办法，这就是我们的家庭模式和情商结构。再加上原生家庭童年创伤等，基本上就没什么改善空间了。但总有人在努力。这本书的作者陶峻是个标准的理工男，全国物理竞赛一等奖，化学竞赛二等奖，直接被保送 985 院校的少年班。阴差阳错，毕业后他进入了中央电视台做编导，任务特别高大上，给来央视节目演讲的名人写稿子，并辅导他们演讲。

这个名单不能列，太吓人。就这样一来二去，教人演讲竟然成了他的专业。“误入尘网中，一去三十年！”陶峻教演讲没有三十年也有二十年了！他把理工科学的那套逻辑思维都用在了演讲这件事上。而且他价值观很正，不打鸡血，不学套话，不讲成功学，就是要让你理解演讲的目的和意义，从心底里学会平等对话的淡定心态。剩下的就是刻意练习的题目和方法。

理工男都认死理，逻辑上说不通的东西不敢拿出来给人看。他们这套课程在线下已经经过了好几年的实践检验，大家能看到，很多人经过这套课程的训练，变得敢说话、会说话、爱上好好说话。人是靠语言与他人沟通的，而且语言还能反过来影响说话者的思想。所以当你的语言模式有了逻辑，也许整个生活都有了新的节奏。

樊　登

前言

学习演讲，并用演讲来学习

为什么要学习演讲

演讲不是一门学科，“演说家”也不能被称为一种职业。

众多优秀的演讲者，甚至被称为“演说家”的人，也往往有其自身核心的身份，例如政治家、企业家、艺术家、学者。他们是各自领域的杰出代表，充满魅力的语言不过是他们表达自我和传播观点的媒介。

演讲，首先是一项关于“表达与沟通”的实用技能。

对于普通人而言，演讲意味着在公开场合讲话，比如做工作汇报、产品展示、销售、面试、激励、融资等工作；又比如在婚礼上发言，在饭局上致辞；进行表达感谢、说服、安慰等各种目的的沟通等。

学好演讲，意味着你将在职场工作、家庭关系、个人形象、自身发展等方面有更优秀的表现，也会收获更大的沟通效能。

不止如此。

演讲，还是一种学习方式。

准备每一次正式或即兴演讲的过程，其实都是对自己已有的知识、观念、情绪进行梳理的过程，而且往往还需要获取、思考、评价、运用新的知识。你需要对这些内容进行选择、组织、精细加工，反复地设问质疑，才能保证演讲质量。以上过程，通俗来说，是用“输出”带动“输入”；用亚里士多德的话来描述，即“讲授是最高形式的理解”；心理学对“学习过程”的研究结论表明，以上这些准备演讲和表达的过程，就是有效学习的过程。

知之者不如好之者，好之者不如乐之者。喜欢演讲和分享的人，将从书里学到东西讲给别人听，影响别人，提升自己，与人交流，引发更多思考；为了讲得更好，他们会进行更多的阅读和整理……这样一个正反馈循环，能让人真正体会到演讲的乐趣和学习的乐趣。

演讲，不仅是一项重要的工作和生活技能，还关乎“学”的本质，能提升个人的学习能力。学习演讲的过程，是对“基于理解的学习”的外在呈现，是用自己的学习结果影响他人，是对自己认知的整理和提升，是对世界的探索和思考。

演讲，更是拓宽自己世界的工具。

哲学家维特根斯坦（Wittgenstein）说过一句话：“我的语言的界限，意味着我的世界的界限。”你的认知、想法、观念，只有通过合适的语言表达出来，为人所知、为人所懂，才能被赋予价值和意义。

我们的世界可以被简单地划分为“已知”和“未知”两部分。如果我们以为一个事物、一个观念、一种情绪是“已知”的，却不可名状，就无法交流、无法传承、无法碰撞，甚至无法取信，这能算是“已知”吗？如果是我们“未知”的世界，却无法通过别人的描述来感知，那么如何才能将之变成我们的“已知”呢？维特根斯坦的名言，至少表达了这一深层的含义。

如同“会开车”能拓宽你自由行动的边界、“会化妆”能扩展改善自己形象的边界、“会潜水”能让你探游奇妙的海底世界一样，“演讲”这项语言表达的技能，会帮助你拓宽自己的整个世界。

演讲，首先是一项关于“表达与沟通”的实用技能。

演讲，还是一种学习方式。

演讲，更是拓宽自己世界的工具。

如何阅读和使用本书

学习演讲，要从实际需求出发。

前文说过，演讲不是一门学科，并不需要进行系统的学习。在更多的场景下，你需要的只是学会利用一两个技巧，务实地解决生活及工作中某个特定的沟通和表达需求。

所以，这本书是针对实际需求，按照“手册”的形式来撰写的，它既能反映内容主题的全貌，又便于浏览、查找，可以随时翻阅，如同我们经常用到的工作手册、员工手册、图表手册一样，是一本实用性非常强的演讲“工具书”。

本书既对“演讲”的概念、技巧、方法做了全局的、深入的描述，也针对“演讲”的各种实际问题给出了解决方案。

本手册共分为 5 章。

第一章是“拆解困扰你的演讲入门问题”，你可以把它理解为“**不会演讲者手册**”，其中列举了不太会演讲的人对演讲的常见认知误区，以及在演讲中可能掉入的“坑”。

第二章是“6 种与演讲有关的学习方法”，也叫“**学习手册**”，我会给你分享高效的学习方式。为什么叫“与演讲有关的学习方法”，而不是“学习演讲的方法”呢？因为这些方法不仅适用于演讲，也适用于各种技能知识的学习。在借助本书学习演讲的过程中，你不仅可以学会“演讲”，还可以学会“学习”，可以将这些普适的学习方法迁移到其他技能的学习中。

第三章是“12 个高效演讲方法”，可被称为“**锦囊手册**”，其中包含 12 个好用且能迅速提升演讲水准的方法。你无须逐一学会，只要在遇到演讲难题时翻看和运用其中的方法，就能像拿起一件称手的兵器一样，马上为演讲增色。

第四章是“18 个实用演讲练习”，也叫“**练习手册**”。学演讲就像学开车一样，即便通过了理论考试，要真正开车上路，你还需要给自己一些针对性的练习。在这一部分内容中，我把日常教学和辅导过程中常用的练习方式和题目都列了出来，你可以自学自练，或者和家人一起练习，也可以带着这本手册加入我们的训练营，和更多志同道合的朋友一起练习。

第五章是“30 个演讲应用场景”，也叫“**场景手册**”。当你遇到类似场景的难题时，可以直接翻阅书中对应的具体案例，你会得到十几条有用的建议。

你不必通读全书，更不用逐字精读。我期待的效果是，你能从书中获得一些启发。演讲归根结底是演讲者的创作和表达，就像你可能并不喜欢参加旅行团，而更喜欢自在随心的自由行，这本书的作用就是在你学习演讲的旅途中，为你指引几处美丽的风景，或者给你提供一些真诚的帮助。

这本书适合所有人，尤其是不同年龄段的演讲初学者。我尽量用浅显易懂的方式写作，尽量贴合演讲的要求，这对于写演讲稿而言尤其重要。

如果你已经有了一定的演讲经验，这本书可以帮助你更系统地梳理自己的成功经验，并把自己的经验更好地分享给他人。

本书的局限和适用范围

霍金说，知识的敌人不是无知，而是已经掌握知识的幻觉。这句话促使我反思了下面三个问题，这也正是本书将要呈现的内容。

1. 这本书里，关于演讲的知识是正确的吗，或者至少是有知识渊源的吗？
2. 即便是正确的，但任何知识都有其适用边界，这本书的内容适用的边界在哪里？
3. 全部学完、练习完本书之后，可以算作会演讲了吗？这会不会是已经掌握知识的幻觉呢？

第一个问题，本书的内容是否正确，是否有知识渊源？

本书介绍的各种演讲锦囊和训练方法，都是在过去上百年甚至上千年的历史中，被反复记述、运用、证实有效的方法。它们大部分是我从前人那里学来的。

事实上，关于演讲的技巧，在前人的著作中已经包罗万象，从 2000 多年前古罗马西塞罗的《论演说家》，到今天的《高效演讲》《跟 TED 学演讲》……各种各样的演讲方法，不同的书本和理论体系中均有呈现。我基于十几年的辅导和教学演讲的经验，选取和凝练了 12 个我认为最容易理解、最容易被运用，而且亲测最有效的方法。

第二个问题，适用边界在哪里？

演讲的技巧虽然很有用，而且依据经验，它比大部分人想象得更有用，但就像再高超的厨艺也未必能够带来餐桌上的幸福一样，仅靠演讲技巧并不能解决生活和工作中的所有问题，甚至无法解决大部分问题。

在本书第一章中，你能看到那些并不需要演讲的情境，在这些情境下使用演讲技巧，可能会让人感到不舒服。在第三章关于“幽默感”的部分，你也能看到，设计演讲内容时需要顾及不同背景的人的不同感受。

第三个问题，学完这些技巧，就算会演讲了吗？

作为一项技能，演讲并不难学。需要学多久呢？我教过上万人演讲，关于演讲技巧的知识，两小时就可以全部讲完。但和学习游泳、开车这些技能一样，懂得这些知识，不代表你就能真正运用它们，还需要进行大量练习。在我们的“即兴演讲训练营”里，学员们在两天时间内就能掌握大部分演讲技能，演讲水平也会有一定的提高。从这个意义上讲，可以说“学完这些技巧，就算会演讲了”。

但真正支撑演讲技能的是你的思想和学识。如果你的思想狭隘、学识浅薄，那么即使你学完了这些技巧，也未必能达到自己期望的演讲水平。

所以在我们的演讲俱乐部中，持续一起读书、做笔记、分享，这都是日常的、基础的学习和练习。作为一个讲师，也作为一个经常演讲的人，我每年读200多本书。我无法想象，如果没有大量的阅读加以支撑，我还能讲些什么。

影响演讲水平的，除了思想和学识，还有一些基本的态度，比如诚实、友善、利他这些看似“鸡汤”、实则重要的准则，这些都会在本书中不断体现，之所以在这里反复强调，是因为我坚信，演讲的背后是学识，学识的背后有态度。

希望写在前言里的这些絮叨，能帮助你开启对演讲新的认知。这本书，送给所有追求自我、不断进取，又想在公开场合更好表达的朋友。

目录

01 CHAPTER 第一章

拆解困扰你的演讲入门问题

什么是演讲　2

你的名字重要吗　7

普通话不标准怎么办　9

关于姿势和服装　10

要不要写稿子　13

知识储备不够能做出好的演讲吗　14

演讲紧张怎么办　15

本章小结　17

02 CHAPTER 第二章

6 种与演讲有关的学习方法

梳理自己的知识谱系　22

成为专家：带着研究主题学习　29

养成高效阅读与记录的习惯　33

高频次地向自己提问　40

讲给别人听　44

加入课堂或组建学习型社团　47

本章小结　52

03 CHAPTER 第三章 12 个高效演讲方法

从听众出发 54
为目标服务 60
不说假话 65
礼物心态 72
打比方 75
具体化 80
把“我”换成“你” 85
节奏感 91
讲故事 96
冲突、意外、悬念、压力 100
开个好头 107
幽默感 114
本章小结 118

04 CHAPTER 第四章 18 个实用演讲练习

PEEP——最简单的观点表达公式 122
列出听众清单 125
梳理演讲目标 129
1 分钟自我介绍 131
打比方练习 133
具体化练习 135
开头练习 137

书面语修改练习 138

脱口秀与自嘲练习 141

观点陈述练习——多角度连接词 143

故事练习：出事了 145

故事练习：冲突、意外、悬念、压力 147

合作型语言练习 148

阅读与讲书练习 151

跟 TED 学习演讲结构 153

节奏练习 155

金句练习 156

PPT 练习 159

本章小结 160

05 CHAPTER 第五章 30 个演讲应用场景

生活场景 164

劝学、表白、相亲、劝和、安慰

工作场景 182

面试、竞聘/自荐、路演、销售、汇报、融资、讲解、团建、邀约

社交场景 210

破冰、饭局、接待、救场、主持、大场面

通用场景 228

分享、感谢、说服、尴尬、鼓舞、表态、道歉、仪式、讨论、突变

致 谢 257

01

CHAPTER

第一章 拆解困扰你的演讲入门问题

刚开始学习演讲的人，通常在以下几件事上存在认知误区。

- 到底什么是演讲?
- 你的名字重要吗?
- 我的普通话不标准怎么办?
- 我应该如何着装?演讲过程中应采用什么样的手势、仪态?
- 我需要准备演讲稿吗?怎么准备?
- 我的知识储备不够，能做出好的演讲吗?
- 我一上台就紧张，怎么办?

什么是演讲

说到演讲，很多人脑海中会迅速浮现这样的场景：一个讲台、一个话筒、一群听众，有时候再配上一个 PPT。这是非常正式的演讲。

Tips **小贴士**

现在，即便是正式的演讲，也已经越来越少使用讲台。因为实体的讲台是演讲者和听众之间的物理间隔，它会让听众与演讲者形成心理上的间隔。即使有演讲台，演讲者也大多选择站在讲台的侧面而不是后面，就像在相声演出中，逗哏通常站在桌子外侧。关于这一点，后文还会详述。

除此之外，还有哪些场景是演讲呢？下面有一张列表，你不妨现在就拿这张列表和身边的人讨论一下吧，把你认为是演讲的项目勾选出来。

- □ 参加团队举行的演讲比赛
- □ 企业融资路演
- □ 站在台上讲课
- □ 陪爸妈闲聊
- □ 就一个社会热点发表自己的看法
- □ 写一篇议论文
- □ 讲一个故事
- □ 劝孩子好好学习
- □ 在会议上阐述自己的方案和想法
- □ 吟诵一首诗歌
- □ 参加竞选演说
- □ 与朋友聚会聊天
- □ 在新团队中做自我介绍
- □ 参与小组讨论

- ☐ 写一篇公众号文章
- ☐ 在一个仪式上发表感言
- ☐ 在联欢会上讲一段相声
- ☐ 跟老板谈加薪

我们可以把以上这些项目划分为三类。

这些是演讲

你会勾选哪些项目呢？我估计，即使按最狭义的理解，下面 4 项也一定会入选，它们属于我们日常所理解的演讲。

- ☐ 参加团队举行的演讲比赛
- ☐ 企业融资路演
- ☐ 参加竞选演说
- ☐ 在一个仪式上发表感言

它们具有共同的特征：

- 在公开的场合
- 进行公开的发言
- 可借助有效的语言打动听众

但演讲并不只限于发生在大型公开场合，所以下面这些选项也算演讲。

- ☐ 就一个社会热点发表自己的看法
- ☐ 在会议上阐述自己的方案和想法

- □ 在新团队中做自我介绍
- □ 参与小组讨论
- □ 跟老板谈加薪

我们不必拘泥于演讲的形式，只要是有目的的社交沟通，演讲者就希望通过有效的语言打动听众，这都遵循同样的口语表达规律，所以这些场景都可以采用本书介绍的演讲观念和方法。

这些不是演讲

而下面这些项目就不算演讲：

- □ 吟诵一首诗歌
- □ 在联欢会上讲一段相声

朗诵、相声、戏剧表演，都依赖口语表达，但它们属于特定的艺术形式，遵循各自的艺术规律。

有些演讲比赛之所以让人感觉太形式主义或不够精彩，就是错把演讲当成了朗诵，或者是把朗诵当成了演讲。所谓演讲者，一定程度而言是把写好的充满语气助词的稿件背诵下来。如果过于注重声台形表（声音、台词、形象、表演），其实是把朗诵和演讲混为一谈了，反而可能让人产生虚假甚至荒诞的感觉。

不要把陪爸妈闲聊、与朋友聚会聊天当演讲。人们在生活中需要放松而随心的闲谈、亲人朋友间肆意欢乐的调侃、洗澡时放声的歌唱……这些都不算演讲。

和亲人朋友沟通时还是随意一些吧，除非你有特别的事情要和他们沟通。

这些与演讲共通

下面这些项目不是演讲，却和演讲有许多共通之处。在进行这些项目时，本书的演讲方法一定可以帮到你。

- □ 写一篇议论文
- □ 写一篇公众号文章

从影响受众的角度来说，文字表达和口头表达的逻辑基本是一样的，不同的是，文字可以被反复阅读，也可以被不按顺序阅读。但口头表达是即时的，就像河水不能倒流，听众不能要求演讲者在演讲过程中复述讲过的内容，所以它需要从一开始就更吸引人、更符合受众的认知心理，当然，这些技巧也是文字表达可以借鉴的。

- □ 站在台上讲课

讲课和演讲是一回事吗？

教师和讲师在演讲方面的确具备职业带来的优势，他们至少不会怯场。“师者，所以传道授业解惑也。”而演讲者也是在分享知识、观点、故事和情感，所以二者有很多共通之处。

一些教师也会学习演讲技巧，以帮助自己把课讲得更生动。而作为一个专业性很强的职业，教师也有丰富的技巧和方法可供演讲者参考。虽然教师往往更偏重于知识交付，而演讲者往往更重视受众的体验，但这两者本质上并不矛盾。

演讲绝对不是一种封闭的表达方式，演讲者可以从相声、朗诵、戏剧等艺术形式中学习，向教师、律师、主持人等专业人士学习，把他们的知识和技巧迁移到演讲中。

□ 讲一个故事

讲故事算演讲吗?

妈妈给孩子讲绘本故事，当然不算演讲。但现在流行一些说法，“演讲就是讲故事”“销售就是讲故事”“管理就是讲故事”，好像什么都和讲故事有关。之所以有这些说法，是因为故事是最能打动受众的内容组织形式，所以在演讲中也经常使用讲故事的方法和技巧。

后文有一个专门的章节介绍如何在演讲中使用讲故事的方法和技巧。

□ 劝孩子好好学习

如前文所述，亲人之间的询问一般不是演讲，有明确目的的情况除外。

影响别人的方式其实有很多种，演讲只是其中的一种。就拿劝学来说，你可以身体力行、以身作则；可以和他一起看一部电影，让他寻找自己的学习偶像；当然，你也可以用演讲的技巧来进行劝说，但这并不是唯一的方式。

核心观点

演讲是有目的的社交表达。本书介绍的演讲技巧，可以帮助你实现各种有目的的社交沟通。

你的名字重要吗

自我介绍，往往带有明确的目的，所以是工作和生活中最常见的演讲，也是面向陌生听众演讲时常涉及的内容。

宽泛地讲，自我介绍的目的是让别人认识你。很多人误认为自我介绍是为了让别人记住自己的名字。

有些文章还会告诉人们，强化自己的名字有很多方法，比如拆解法、演绎法、向名人靠拢等。

比如，我叫陶峻，陶瓷的陶，陶渊明的陶；崇山峻岭、险峻的峻，希望大家记住我的名字。

你的名字对别人真的有那么重要吗？

其实你的名字对别人来说是最不重要的，就像你也不容易记得别人的名字一样。你记住那些人的名字，往往是因为你感受到了他们的魅力，他们吸引了你，或者他们对你有某些价值。

而在这种情况下，即使你不知道他们的名字，你也会主动询问、搜索并记住他们的名字。

我经常在各地开设演讲课，我留意到，没有学员来听我的课是因为我和陶渊明是同一个姓，没有人在意我名字中的“峻”字是险峻的峻还是英俊的俊，他们来听我的课是因为他们觉得我在课程中讲授的内容会对他们有帮助。甚至有很多学员是在听完课程后觉得内容还不错，才留意、搜索主讲老师的名字的。

也就是说，只有在别人对你产生了兴趣、认为你有价值的时候，你的名字对他人而言才具备了意义和价值。一见面就花大篇幅介绍自己的名字，反而会给人一种“这个人过于自我”的感觉。

要多站在听众的立场上去感受，去思考。“己所不欲，勿施于人。”那些你已经厌烦的或没有效果的表达方式，你又何必对别人使用它们呢？

核心观点

在演讲中过于强调自己的名字，是一个误区。我们更看重的应该是演讲内容对于听众的价值。

普通话不标准怎么办

演讲一定要说标准的普通话吗？

不不不，你多虑了。

“只有说标准的普通话才能做好演讲”是演讲入门者常见的认知误区之一。很多人会因为自己普通话说得不好，而对自己的演讲心存忧虑，认为自己说话不是很清楚，所以无法学演讲。

为什么大家会对这个问题感到焦虑？因为传统的认知常把演讲和播音主持这种专业形式混为一谈，认为演讲就是播音主持，要字正腔圆、吐字清楚，甚至要气沉丹田。这其实是对演讲的误解。

我本人也带有地方口音，很多字音都发不清楚，但这并不影响我成为一位演讲教练。如果我说的词别人没听明白，我可以多重复几遍，或者把这个词换成其他词，反正最后总能让别人听明白。

比我口音更重的优秀演讲者还有很多。

举个极端的例子，比如大科学家霍金，因身体原因无法进行口头表达，只能靠一个机器辅助慢慢地发出声音，遑论口音。为什么还有那么多人要去听他的演讲？即使我对他的演讲内容一知半解，也很愿意去听，因为他的演讲能帮助我理解我们生活的宇宙，对打开我的心灵很有价值。

不能讲话的霍金先生的演讲都能让人回味无穷，可见，演讲最重要的还是内容，口音并不是做好演讲的主要障碍。所以不要因为自己普通话不好，或者有地方口音而担心。

从另一个角度讲，口音不仅不会成为你的阻碍，反而可能成为你的加分项，因为口音也会增加你的辨识度。

我们看历史题材的电视剧时，有时只听声音也可以大致辨识出人物身份；即使在普通话已普及的今天，影视剧中那些“川普”“湘普”、东北口音、福建口音……也为各具特点的人物形象增色不少。

所以不要为有口音而忧虑甚至自卑了，演讲者要认可自己，也要认可自己的口音，这是你与生俱来的，是你的生长环境赋予你的，它是你的文化，也是你的符号。

核心观点

不要担心自己的口音问题，它不是你完成一个精彩演讲的阻碍，它有时可以成为让你的演讲更有个人特色的加分项。

关于姿势和服装

另一个对演讲比较大的认知误区是对姿势和服装的误解。

很多初学演讲的人很在意自己的姿势和服装，甚至会为以下问题感到焦虑。

- 我要不要站得特别正？需要站成丁字步吗？
- 要不要保持笑容？
- 说话时要露出几颗牙？
- 我的手应该放哪里？是要插在裤兜里，还是放在桌上？
- 两只手一定要打开吗？手形什么时候保持大 V，什么时候保持小 V？
- 手里要不要拿道具？
- 穿什么衣服合适？一定要穿正装吗？穿西装会不会太正式了？

- 穿衬衣需要打领带吗？领带束住了脖子，不舒服怎么办？

学习演讲，如果把关注点放在上面这些问题上，可谓本末倒置，有的时候甚至是南辕北辙。

有这么严重吗？有。从我辅导大量演讲者的经验来看，有的演讲者越重视姿势，反而越会受限于它。

如果你站在演讲台上，满脑子想的都是“我应该站成什么样子”“我的手势和我的语言匹配吗”“会有人不喜欢我的服装和发型吗”……你的大脑就会变成一台同时运行好几个大游戏的低配手机，你的演讲就很容易出现思路卡顿、不知所云的问题。

因为你的脑力是有限的，过分重视外在，就会忽视真正想要表达的内容和内容对别人的价值，这反而对自己造成了限制，让你越来越紧张。

而且这些外在表现其实没那么重要，就像大家不在乎霍金如何表达一样，也没人在乎乔布斯一直穿同一款 T 恤。当你觉得仪态、姿势很重要的时候，想一想天生就没有四肢、只有两个脚趾的演说家尼克·胡哲，他用 1500 多场演讲感染了许许多多人。

关于内容和外在，还有一层重要的关系，就是当你把握好了内容时，外在仪态会随之自然展现。

我辅导过一家企业的 CEO，他向我展示了他以前的演讲视频。使他焦虑的问题是，他演讲时身体总是左右摇摆，无论如何都改不过来。我建议他把这个问题先放一放，不要“头痛医头”，试着用高维度的方法来解决这个低维度的问题。

我用本书第三章讲到的一种方法调整了他的演讲内容，改变就发生了。调整方法很简单，就是把演讲稿中很多的“我”换成了“你”。

例如，原来他站在那里左摆右摆，一边摆一边说：“我们的公司是做什么的，我们的优势是什么，我们提供什么服务……”

我将其调整成了：“你们公司有没有过这样的困境呢？你作为人力资源总监，有没有碰到这样的麻烦？你们可能是一个创业公司……”

当他使用更多的“你”时，他的演讲开始有了对象感，他与听众之间的对话变成了有效的互动。自然而然，他的身体语言随之发生了变化——不再左摇右晃，变成了偶尔前倾。

偶尔前倾比左摇右晃要好得多，左摇右晃是心态摇摆不定的表现，而偶尔前倾实际上是演讲者在根据演讲内容调整与听众的距离。和听众互动的时候，身体前倾一点，可以拉近和听众的距离；陈述的时候，身体挺直一点，可以离听众远一点。当演讲从内容出发、面向听众时，身体姿态就会自动做出调整。

同样，手势和姿态也是情绪的外化，人高兴的时候会手舞足蹈，愤怒的时候会张牙舞爪，这些手势和姿态，每个人生来就会，不用刻意学习，但千万不要在内容和情绪没到那种程度的时候刻意演戏。

外在是内在的投射。如果你觉得自己演讲时的姿势或手势有些刻板，要治本，不要治标。如果只治标，反而会让你更加手足无措，会显得很做作。你要让你的姿势或手势顺其自然地展现。

核心观点

姿势和服装只是演讲中的辅助表达和外在形式，不要本末倒置。姿势要自然，服装舒适得体即可，你更需要重视的是你的演讲内容。

要不要写稿子

演讲要不要写稿子？针对这一问题也存在较普遍的认知误区。你可能疑惑，到底写稿子是误区，还是不写稿子是误区？实际上，误区通常出现在如何做准备上。

演讲要不要做准备？当然要，而且要尽可能多做准备！

我帮助过上万人学习“即兴演讲”，但即便是即兴演讲，也要有短暂的梳理框架和准备的时间，更不用说为演讲所做的日常积累。很多演讲名家也会在做即兴演讲前略做准备。

而且越正式的演讲，越要做充分的准备，这也是演讲者对听众应有的尊重和应承担的责任。

我辅导别人演讲时，经常会说：你可以做准备，但是千万不要“写”出来！

那要怎么做呢？你可以用智能手机的语音输入转文字的功能，“念”出你的演讲内容，注意，是“念”出来。

为什么？因为多数人已经习惯书面化的写作，只要是动笔写稿，或者在手机上进行文字输入，就很容易将语言书面化。

比如，“我饿了，于是我点了一份外卖”。别扭吗？当你进行书面化写作的时候就会这样写，但在日常口语中，我们不会用“于是”。

生活中你会怎么说？“我饿了，就点了份外卖。”

还有许多词被用于口语表达时会显得奇怪，比如“我与你”“即”“均”……当你通过写的方式来准备演讲稿时，典型的书面语会特别多。我帮别人改演讲稿的时候，很大一部分工作就是帮助他们把书面语变成通俗的大白话，变成朴实的、有温度的文字。

为什么演讲时要少用书面语？因为书面语让你的演讲听起来是在念稿子，而不是在发自内心地、真诚地和人交流。

所以说，“写”演讲稿是对演讲准备的一个认知误区，但是你仍要做准备，最好的准备方式就是用语音输入的方式把它念出来，而且在形成演讲稿后，要再进行一遍口语化处理，这样会规避很多不适合演讲的书面词汇。

核心观点

演讲一定要做准备，但是不建议用写的方式，而要用语音输入的方式，以规避不适合演讲的书面词汇。

知识储备不够能做出好的演讲吗

关于知识储备和演讲的关系，我想用三个“不要”来描述。

不要轻狂自大。如前文所述，真正支撑演讲水平的，是你的观念和学问。如果你的“世界”本来就很小，那么你的语言魅力大概也大不到哪里去。缺少阅读和思考的人，很难成为一个优秀的演讲者。指望只靠利索的嘴皮子收获成功，未免轻狂自大。

不要妄自菲薄。有些朋友觉得自己的知识储备不够，觉得自己的人生经历简单，觉得自己的社会成就较少……虽然这未必是谦虚之词，但由此就断定自己做不好演讲，也是一个认知误区。在我过往的记者采访和辅导演讲的经历中，我最深的体会就是，每一个人都是独特的，都有他闪亮的一面，都有他值得分享的经历，都有他可以和别人共情的感受。学习和准备演讲的过程，往往也是整理和发掘自己内在资源的过程，你完全值得拥有更多信心。

不要拔苗助长。这一段是写给望子成龙的父母的，演讲需要具备基础的语言技能和逻辑思维。我们专门为青少年开设的演讲课程的年龄门槛是 8 岁，因为根据发展心理学的理论，孩子只有到了这个年龄才会具备演讲需要的基本条件。在此之前，孩子没有必要过早地学习系统的演讲课程，而应该更多地通过阅读、游戏、交流，尤其是家长和不同年龄段同伴的陪伴，发展基础的语言技能和逻辑思维。

核心观点

知识储备和演讲的关系主要是三个“不要”：不要轻狂自大，不要妄自菲薄，不要拔苗助长。

演讲紧张怎么办

演讲时紧张怎么办？这是我做演讲辅导时被问到最多的问题。对于这个问题存在的认知误区就是，大多数人把紧张当作演讲的“敌人”，而不是“朋友”。

紧张是人之常情。我作为一名演讲教练，在演讲前和演讲时仍然会感到紧张。

紧张到什么程度呢？我日常活动时的心率是 80 多次 / 分钟，某次参加路演，上场之前我很紧张，心脏扑通扑通地跳动，脑子充血，心率飙升至 132 次 / 分钟。

我举自己的例子是想说明，紧张是一种非常正常的情绪表现。越是重要和正式的场合，紧张程度当然就越高。

你需要让自己在演讲前进入一种与日常状态不太一样的、更亢奋的状态。你可以把“紧张”想象成一个人，当你上台前，他就坐在你旁边，或者站在你身后。你不用打倒他，也不用对抗他，因为他并不是你的敌人，他只是来陪你演讲的。当你开始讲话，把精力投入演讲中时，你可能就会把他忘了。

这里有几个缓解紧张的小妙招。

如果你紧张，试着掐一下自己，深呼吸，或者让身体真正紧张起来，比如握拳、紧绷肌肉，然后放松，再紧绷，再放松…… 如此重复几次，你的身体就会习惯这种紧张状态。你还可以做一些高能量姿势，比如做一个挥动手臂的动作，或者大声喊“不紧张”，这些方法都很有效。

在演讲之前，你如果坐在台下，可能会越坐越紧张。你可以在等待的这段时间里出去走走路，跟别人聊聊天，分散一下自己的注意力，紧张情绪就会得到缓解。在演讲之前，你也可以在附近跑步，因为跑步会让你的心率升高，这样你紧张的阈值也会升高。

上面这些都是可用的方法，但治标不治本。真正有用的，是你要从心里暗示自己，紧张是自己的朋友。

解决紧张问题另一个方式，也是对演讲的一个最基础的认知，叫作“礼物心态”，我们会在第三章中详细讲解。

核心观点

紧张是很正常的情绪，可以通过生理方式进行调整，最重要的是，要把紧张视为自己的朋友。

本章小结

本章列举了演讲初学者对于演讲常见的认知误区。之所以要把这些误区的“误”呈现出来，掰开揉碎讲清楚，是为了让作为演讲初学者的你，走上已经被验证了行不通的“歧路”。

更希望你能清楚，演讲并不是一种复杂的技术，只要有基本的语言能力和逻辑思维，你就具备了进行优秀演讲的必要条件。

在后面的章节中，我会教你 6 种与演讲有关的学习方法和 12 个高效演讲方法，这些方法已经在实践中被充分验证。别人可以，你也一定可以。

02

CHAPTER

第二章 6种与演讲有关的学习方法

坐着电动车跟随妈妈赶赴课外班的小学生，

参加公务员面试辅导培训班的年轻人，

聚在一起参加读书会的才俊，

地铁里下班后匆忙赶往英语班的职场新人，

跻身总裁班的企业家，

争相进入互联网头部企业的 IT 精英，

图书馆里准备期末考试的大学生，

加入微信群学习新媒体运营的斜杠青年，

参加口才班练习演讲的演讲者，

……

形形色色的人都在学习。

学语文、学数学、学艺术、学英语、学会计、学管理、学国学、学开车、学做饭、学说话、学做 PPT……

学习的内容也形形色色。

学习，是为了什么？

学习是生活方式，还是生存必需？

学习是焦虑下的行动，还是内心的自省？

“每个时代都悄悄犒赏会学习的人。”培训机构的广告牵动着每个路人的神经。人们都在用各自的方式学习，以免在这个时代落于人后。

当学习的热潮来临，作为一个学习活动的设计者，我更关注进行“学习”行为的个体，审视“学习”的机理，探寻让学习更高效的方法。

演讲，只是我结合过往的职业经验，和伙伴们一起创设的课程之一。此外还有电影课、辩论课、阅读课、写作课、科学课、亲子活动课……其中许多是面向青少年的课程。注重学习驱动，注重课堂参与，注重思维训练，注重运用与创造……是这些课程的共同特点。

因为更注重对学习过程本身的设计，我们的课程广受好评。尤其是这门教授成年人演讲技巧的课程，得到了学员的一致肯定。我把这门课程的核心知识讲解部分，罗列在这本手册里，它是普适、基础和通用的，但正如前言所述，仅仅阅读这些印刷在纸张上的内容是远远不够的，要真正学到它们，还需要有学习方法。

在本章中，我列出了更为基础的学习方法。这些学习方法并不仅仅适用于学习演讲，我相信，无论是学习演讲还是学习英文、社群运营、短视频制作，或是茶道、缝纫、厨艺，这些方法都会对你有帮助。

学习“学习方法”，对“演讲”还有更深一层的含义。因为演讲作为一种表达方式，呈现的是演讲者的知识、见解、情感和思维，所以本章旨在从更基础、更深远的层面上帮助读者解决“怎么让肚子里有货”的问题。

以下 6 种方法彼此有交叠，“打包”使用效果更好！

- 梳理自己的知识谱系
- 成为专家：带着研究主题学习
- 养成高效阅读和记录的习惯
- 高频次地向自己提问
- 讲给别人听
- 加入课堂或组建学习型社团

梳理自己的知识谱系

知识就像一块块积木，当它们以某种形式组合拼接在一起时，才能展现出美感和力量。

我身边有不少热衷于学习的朋友，他们愿意为学习投入时间和金钱。面对知识的“花海”，他们就像勤劳的蜜蜂，四处采撷。可知识那么多，满世界都是各种各样的课程，到底学什么更有必要、怎么学更有效呢？

很多人学了很多课程，学习的时候可以感受到获得知识的快感，过后才发现知识大多都忘了、大多和自己的生活结合不起来，不知道有什么用、如何用。

学而不思则罔。学习时想要避免出现迷惘的状态，需要不断地思考，让学到的新知与自己的好奇心产生链接，与现实生活产生链接，与既有的认知产生链接。

独立的知识，就像一株刚从暖棚里挖出来的秧苗，或者一枝带着茎叶的鲜花，只有通过移植和嫁接的方式，与你已有的土壤或本体有机连接，互相影响，互相渗透，秧苗或鲜花才能茁壮成长。

所以，在考虑学什么、如何学之前，不如先思考一个更基础的问题：自己会什么。先梳理自己已有的知识，画出自己的“知识谱系”。有关学习科学的研究表明，既有知识是你学习新知识的核心要素。

如何梳理自己的知识谱系

第一步：准备工作

打开一个空白文档或手机备忘录，或者拿出一支笔和一张白纸（我就是这么干的）。

第二步：写下自己会什么

想到什么就写什么。下面是供参考的分类思路。

首先是专业能力。

无论你在什么行业、从事什么职业，你一定有相关的专业知识和技能。你可以写得细致一点，比如：

写一手好看的板书，善于辅导后进学生（教育）；

扎针技术不错，擅长诊治心血管疾病（医疗）；

善于广告文案的创作、媒体投放方案的策划执行（传媒）；

精通 JAVA 或数据分析（IT）；

公司开业、招聘、销售、产品、运营、财务方面的知识都懂（创业者）；

还有许多通用的技能，比如时间管理、会议组织、公文撰写……

其次是学科知识。

数学、物理、语文、外语、历史、地理、经济、金融、医疗、健康、艺术、人文……

这些可能是你曾经的专业，也可能是你自学的积累。同样，这些内容列得越细致越好。

比如我是学机械工程的，我懂得机床加工的基础知识、机械原理。

比如有人家里有患病的亲人，因此自学了很多护理知识。

再次是生活和兴趣。

烹饪、制订旅行计划、购物、开车、社交、处理亲子关系等生活技能；钓鱼、各种运动、各种乐器、吹口哨等兴趣爱好……

仔细挖掘，把你能想到的都写上。

最后是核心能力与自我发展。

核心能力是指能运用在工作和生活等各个方面的基础能力，比如：

- □ 计划与目标
- □ 批判性思维
- □ 沟通与表达
- □ 创新创造
- □ 团队合作

还有一种基础的思维能力，叫“元认知”，是指对自己思维方式的审视能力，是发现思维错误的能力，是对自我认知的认知能力。

比如“暂停”的能力，通俗地讲就是在做事之前想一想，学术地讲，就是在进行下一个动作序列之前，用策略性或者思考型的暂停来给自己打入一个意识楔。下面列出一些常见的“元认知”，方便你进行自我评估。

- □ 暂停

- □ 知道如何养成一个习惯
- □ 能够用信念对目标进行审查
- □ 能自主停止一种想法
- □ 能够保持韧性
- □ 可以对自己的失败进行评估
- □ 增加对自己的文化投入
- □ 阅读有挑战性的图书，观看有挑战性的电影
- □ 思考自己的成就及自己对他人的影响

第三步：评价

对每一项细分技能做自我评价，比如高超、专业、一般、略懂，可以用不同的颜色或记号来标注。

第四步：关联

各项技能之间往往互相影响。用连接线或箭头标注自己的知识谱系中有关联的项目。

比如，我擅长教授演讲类课程，就与我自己懂辩论、擅长活动设计、当过语言类节目导演、有较好的课程设计能力等有关系。

完成这一步，你就会发现，你的很多知识、技能和观念，并不是孤立存在的。你可能会发现：也许打麻将的策略会对创业的思路产生影响，成为篮球高手的经验其实也可以移植到学习英语上。

自己的职业选择会受限于自己既有的知识体系，如果某些知识被强化，就能创造新的机会。

如果自己的某些知识是沉积和孤立的，没有产生影响和价值，那么可以进

一步把它们利用起来，让它们发挥复合型作用。

第五步：誊抄一份清晰的图

恭喜，你完成了自己的知识谱系图（见图 2-1）。

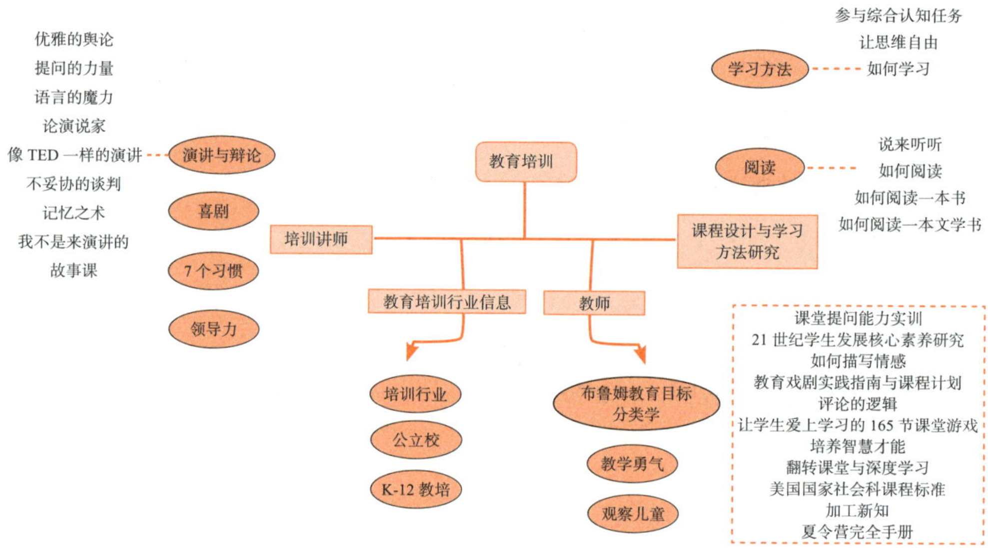

图 2-1　陶峻的知识谱系（节选）

基于既有知识，确定学习目标

既有的认知就像一棵树，我们可以把新的知识嫁接过来，让这棵树长新枝、发新芽。

学习新知识，除了从自己的兴趣出发，还可以先看看自己这棵“树”现在有什么、缺什么，需要补什么。

新的学习方向有下面三种可能性。

1. 原有技能提升

审视自己的知识谱系，先想想希望自己的哪些技能能够更专业。成为一个专业人士，会给你带来成就感。

2. 学习新技能、新学科

在选择学习何种新技能或新学科时，要考虑新的技能能否与既有知识产生关联，能否嫁接到自己既有的知识体系中。如果可以嫁接，那么学习起来就会更有目标、更有动力，学习效果也会更好。而且在学习的过程中，要经常反思是否真的发生了预期的关联。

比如演讲这种表达技能，就可以嫁接到很多行业技能中。

如果你是教师，可以用它更好地解决家校沟通、教学成果汇报等问题；

如果你是医生，可以用它获得更好的医患沟通效果；

如果你是科研工作者，它可以帮你做好课题申报、研究成果展示；

如果你是基金经理，可以用它做好募资路演，宣讲自己的投资策略……

作为一个演讲教练，我一直不断学习新领域的知识。因为只要掌握所有演讲类技能，就可以算是专业，但要让演讲技能变得高超，还得学习教练技术、NLP、相声、脱口秀、朗诵、表演、即兴喜剧、写作、企业管理、新闻采访、课堂教学等相关知识。这些领域的知识在形式或方法上和演讲存在某些共同点，往往可以进行“嫁接”，也就是进行“知识迁移”。

无论你打算学英语、编程，还是哲学、金融，或是游泳、舞蹈，如果不是单纯为了满足自己的兴趣，都应该想想技能“嫁接”的可能性。

举个例子，一位程序员如果打算学一门艺术，应该选择舞蹈、音乐，还是选择诗歌？如果不考虑兴趣，我会建议他优先选择音乐或诗歌，因为这两门艺术和程序有一定的共性，它们都有数字（音符）、规律（韵律）、结构。在学习的过程中，这些共同点会使学习更有效率，而且各项技能会互相促进。

3. 跨领域研究与创新

更高级的学习方法是在梳理自己的知识谱系后，考虑跨领域的研究与创新。

为什么“研究”是一种更高级的学习方法？因为研究意味着要有成果，而且是创新的成果，而创新是认知和学习的高阶形态。

不要以为研究是只有科学家才能做的事情。

怎么基于自己的知识谱系，做跨领域的研究呢？

比如你爱追剧，追过很多剧。如果最近你正在学演讲，你就可以从影视剧里搜集一些好的演讲片段，以“怎么跟着影视剧学演讲”为题做个研究；如果你爱好烹饪，你的追剧知识或许能帮助你开一家“影视剧里的美食”主题餐厅。

又比如你爱好烹饪，也爱唱歌，记歌词特别厉害，最近恰好又在学文学写作。你能不能研究“如何创作各种美食主题的歌词”呢？如果你在学习社群运营或销售，能让“舌尖上的销售”“舌尖上的运营”诞生吗？如果你在学习英语，能不能专攻“写给老外的中国菜谱”？

又比如你是一个程序员，能不能为时间管理、演讲编写一些实用的小程序？如果你同时还爱好文学，能不能编写一个分析软件，来分析不同作家作品中的关键词？

又比如你喜爱心理学，有没有可能把心理学中经典而通俗的实验运用到工作中，探索哪些致胜的方法、心得可以用于创业和企业管理？

很多事情，只要你把它学到、做到专业，就可以迁移应用。从运用的角度看，知识是普遍联结的，是综合的。人为划分学科领域，只是为了学习方便。

以跨领域的研究作为学习的驱动，打破领域间的隔阂，基于对生活本原的好奇心，综合性地解决问题，是我最推荐的学习方式。当然，前提是你了解自己，也了解自己已有的知识谱系。

出发前，我们需要知道现状。

成为专家：带着研究主题学习

人们常说要“像海绵一样学习”。但这真的是正确的学习方法吗？

面对知识的海洋，一块小海绵，能吸多少水？就算吸了挤，挤了吸，我们终究还是汪洋大海中的一块小海绵，又能留下多少痕迹呢？

所以，在现代化的学习理念中，“海绵式”的学习已经落后，“淘金式”的学习效能更高。

海绵式学习：只要是新鲜的知识，我就学，有什么知识就学习什么知识，重在吸收储备。

淘金式学习：明确学习的目的和需求，海量吸收，萃取提炼，建构对目标有帮助的认知。

那么有哪些帮助我们“淘金”的学习方法和理念呢？

项目式学习

许多中小学已经广泛使用 PBL 这种新的学习方式。PBL 是英文“ Project Based Learning”或“Problem Based Learning”的简称，也就是基于项目或基于问题的学习。

它的特点就是以项目或问题为驱动，在完成项目或解决问题的过程中实现学生的主动学习。

PBL 学习方式通常是跨学科和综合性的。在 PBL 学习方式中，“学以致用”

得到了很大程度的体现。

有一部很经典的美国电影叫《十月的天空》，讲的是一群煤矿子弟中学生造出火箭的真实故事。为了把火箭发射上天，他们主动而努力地学习工程、物理、数学等学科知识，筹集资金，到处与人沟通以获得支持。后来，他们这个小组获得了当年的全美科技大奖，这些学生都被保送上了大学。这就是一个非常典型的基于项目学习的例子。

成年人采用 PBL 方式自学时，要主动地为自己设置驱动式的项目或问题。

你可以依照自己已有的知识图谱，为自己寻找一个新的、既激动人心又有章可循的项目，可以是单一技能的学习，也可以是跨领域、跨学科的研究。

学生在项目式学习过程中，通常有教师给予支持和指导。支持的内容主要包括以下 6 个方面。

- 知识支持：有哪些相关的图书和资料
- 项目呈现支持：如何展示项目成果
- 思维与技能支持：完成项目需要哪些技能
- 纪律与流程支持：团队分工与合作、项目节点与效率
- 物资与激励支持：需要的费用、物资及奖励
- 用户意见：评价、深化研究与创新

成年人自学时，这些问题大多可以自行解决。

比如，我发现课堂提问是一门很有价值的、对我的工作有实际帮助的学问，值得研究，就把它列为自己学习的项目。然后做了下面这些工作。

- 将“课堂提问”确立为一个项目，买来大量与关键词“提问”“问题”“课

堂”相关的图书。（**知识**）

- 给自己设置一个月的时限，以创设并讲授一门“提问课”为目标。（**项目呈现**）
- 一个月内，快速阅读并摘抄所有对课堂提问有帮助的知识点，然后以脑图的方式对其进行梳理。（**流程**）
- 审视自己的知识谱系，自己有多年记者从业经验，对于采访提问比较了解；自己在教学实践中也有过不少优质提问的经历，但自己对此缺少系统的思考和梳理。（**思维与技能**）
- 在形成基本框架后，与身边的同事和朋友进行交流，吸收他们的反馈并不断改进框架。（**用户意见**）

人人可为专家

在传统的学习方式中，有老师和学生两个角色，老师是“权威”的知识传播者，学生则要努力成为一块“海绵”。

我们为什么会认为老师是权威？这是知识传播途径的单一性造成的。以前人们只能通过老师学到知识，老师掌握了知识，所以他们就具有了权威。

有一档电视节目叫《朗读者》。“朗读者”这个词最早并不是指一个在那里读书的人，而是一个职位。担任该职位的官员代表执政官宣布政令，或是把一些作品、公告读给大家听。为什么专门设立一个“朗读者”的职位？因为过去广大民众不识字，信息被垄断，朗读者读什么，人们就听什么。

在信息和知识被垄断的时代，垄断者就是权威。但在今天，互联网上已经有了足够多的、公开的好内容，只要你善于搜索，几乎可以找到所有知识和信息。所以，比起几千年前甚至几十年前，今天的学习观念、方法已经发生了翻天覆地的变化。学习者才是学习的中心，我们可以从海量的信息、知识、师资中进行选择和整合。

在这种知识资源极度丰富的时代背景下，我们不再是单向的求学者，我们应该更自信地告诉自己：我可以成为一个专家。

世界上有很多专门的学问，每个专门的学问下还能细分出若干门类；而不同的“专门”之间，就像前文所举的例子，又能复合融汇出新的“专门”。就拿演讲来说，本书所列举的每个场景都有其特殊性，而每个场景与不同行业的结合，又产生了新的“专门”。你从本书或者我的演讲课程中学习了演讲的普适原理，同样也完全可以基于自己的知识谱系，发展出属于自己的专门的演讲领域。

我们团队中有几位演讲教练已经做到了这一点，他们在各自的领域，例如在法律领域、保险领域，都已经成为知名的专家，对专业领域内的演讲辅导更专业。

专家与大师不同。成就一位大师，需要天赋、机缘和时代背景等许多偶然因素；但成为一位专家，是有非常清晰的发展路径的，对每个人来说都是可实现的。只要确定一个自己要研究的领域（哪怕再小），运用这一章中的各种方法，为创新的成果而学习，最终就可能成为专家。

淘金式学习——快速、广泛、精准地阅读

研究性学习离不开大量的阅读。广义上的阅读，不仅指读书，还包括阅读图文资讯、论文，观看影视作品以及与人交流等。

现在很多了解“学习金字塔”的人都会把“阅读”归入“被动学习”，认为阅读的学习效能比较低。很多人觉得自己阅读效率比较低，阅读后能有效记住

的内容不多。

在大部分情况下，产生这种感受的原因有二：一是没有让新的书本知识与自己既有的知识产生链接；二是读书没有明确的目的，只是为读书而读书。

这个时候，你就是那块“海绵”。这时，你就应该去做一个“淘金者”，给自己找一个研究主题，围绕主题进行快速、广泛、精准的阅读。

我平常买书时，常常会把与某个主题相关的一系列书也买来，快速阅读。只要一本书中有两三个点能够给我启发、能够对认知这个“主题”有所帮助，我就觉得“赚到了”。偶尔翻到一本精彩不断的好书，我才会花更多时间琢磨它，并且会有欣喜之感。秉承“学以致用”的理念，你就会发现，阅读是极其必要且重要的学习方式。但养成阅读习惯、提高阅读效能，却需要通过练习并掌握一定的方法。

养成高效阅读与记录的习惯

人人都知道阅读很重要，多读书才可以讲出更有价值的内容。

但并不是所有人都能体会到阅读的乐趣，也有很多人“看不进去”“看完就忘”。这并不丢人，因为用纸张、文字交流，并不是一件容易的事，其质量取决于阅读者的基础能力和阅读方法、阅读习惯如何。好在阅读方法是可以训练的，阅读习惯的养成也有轻松高效的方法可循。

如何养成阅读习惯

对于没有阅读习惯的人，我建议先用“翻书”替代“阅读”。用“翻书”替代“阅读”，会给自己一些心理暗示，减轻阅读的精神负担。

一是不把书看得太神圣。现在书多得就像易耗品，有优劣之分，用处各有不同，于个人有适宜与否。说到底，书只是作者与我们交流的一种方式，深聊是缘分，浅谈也有收获。一本书看多长时间、是认真看完还是随手翻翻，都可因人而异。

二是不把读书看得太隆重。“阅读”一词，常让人产生莫名的仪式感，和“懒惰”的那个自己，多少会有点生分。很多人即使读了一些书，也觉得自己算不上“读书人”。这种身份带来的距离感，有时候会让我们离书更远。所以，不妨做个“翻书人”，轻松一点，翻翻书就好。

但是翻书也需要有点规则，下面的规则虽不复杂，但有讲究。

（1）每天阅读 10 分钟

阅读 10 分钟，压力不大，容易做到。虽然计划只阅读 10 分钟，但人们常常会被书的内容吸引，不知不觉阅读半小时、一小时；看不进去或者事情多的时候，就以阅读 10 分钟为限，时间一到就可以放下书本。

（2）写 50 个字

写 50 个字的读书笔记，是最重要的规则！很多时候，我们看完一本书却几乎什么也没记住，原因可能就在于此。所以阅读时做些简单的记录，心得、知识点、感想、小结皆可，实在写不出来时也可摘抄一段，这是一个非常重要的思考和整理过程。

事实上，一旦打开了思考和整理的闸门，写三五百字是很容易的事。我和同事们坚持这样做已经几年了，大家都觉得从中获益良多。相信你坚持一段时间，也会有同样的感受。

（3）拍张即时照，连同文字一起发朋友圈

拍书也行，拍风景也行，自拍更受欢迎。公园、地铁、床上……在哪儿看书就拍哪儿，给自己的翻书场景做个记录。

如果你是用手机阅读电子书或听书，那么用页面截图或拍下阅读环境就好。

（4）每月 18 天

每天都坚持做一件事是很高的要求。如果某天确实很忙或者很累而没有看书，也完全没必要自责，这才是人性化的。

所以我定了三档标准，一个月做不到 12 天就算不合格，我确实应该感到内疚；做到 18 天，就算不错，可以自豪；能做到 24 天，完全应该好好奖励自己。

我会把每天的读书笔记和照片记录下来。过去 3 年多的时间，我翻了 400 多本书，写了 27 万字左右的读书笔记。我近几年的演讲和教学内容，至少有七八成与我读过的这些书有关，而且很多都是我通过写读书笔记记录下来的内容（见图 2-2）。

图 2-2　陶峻的读书笔记截图

翻书需要奖惩和激励吗？每个人的情况都不一样。就我个人而言，完全靠自我激励，不需要外在奖惩；对团队，我以此为学习政策，有奖有罚；对孩子，为了鼓励其养成习惯，如果他看书多了，我很乐意带他去吃大餐；在学习圈子、微信群中，如果做不到每月阅读 18 天，就可以罚发红包，以娱乐为主。

我建议在培养阅读习惯的初期，给自己或他人设定一些奖惩机制。哪怕单纯为了获得一点奖金或礼物去读书，也是一桩美事。我用这套理念和方法，在不同的社群里带动数千人轻松养成了阅读习惯，包括许多孩子。当他们坚持一段时间后就能体会到，与翻书、做读书笔记带给自己的乐趣和收获相比，这些物质上的激励根本算不了什么。

如何做读书笔记

古人云：“不动笔墨不读书。”

现代人说：“读书不记录，根本记不住。”

怎样简单高效地做读书笔记呢？

（1）抄

抄！读书时，看到书中的好句或段落、美文或有价值的观点、论述，可以将其摘抄下来作为读书笔记。

“抄”书也能算读书笔记吗？当然算。因为在考虑“抄这一段，还是抄那一段”的过程中，你在思考、在选择；如果从不同的位置，抄了不同的几句话，你在这个过程中就对自己抄的内容进行了“组织”。在认知理论中，有三种基本的认知过程，第一是选择，第二是组织，第三是整合。所以抄写的过程，也是有效的学习过程。

而且，抄写也是一个帮助记忆的过程，你在日后写作或演讲的过程中使用相关内容时就会发现，抄写过的内容更容易被记住。

（2）记录有趣

如果书中有一些对有趣的人和事的描写，也可以将它们记录下来。

（3）评论观点

做读书笔记时，可以就一本书中的某个观点做一个简单分析，也可以归纳总结看这本书时联想到的一些与此书相近或相异的观点，做异同比较。

（4）随心记

读完一本书后的心情、联想到的一些情境，或者是自己的一些感悟想法，都可以被记录下来，作为读书笔记。

（5）记对自己有用的方法工具

也可将书中提到的一些实用的方法、思维、工具……罗列出来作为读书笔记，以便在工作和生活中更快速方便地运用。

（6）梳理框架

将一本书的主要内容和要点做一个罗列归纳，这对掌握全书内容和逻辑结构有很大帮助。

（7）列出推荐理由

读完一本书后，如果觉得它很精彩、很有意义、有价值，可以列出几条它值得读的理由。

例如，《一个孤独漫步者的遐想》是法国哲人、文豪让 - 雅克・卢梭的最后作品，也是他留传后世的一部极富特色的不朽之作。卢梭是 18 世纪杰出的思想家、作家。他一生颠沛流离，饱受磨难，倍感孤独，《一个孤独漫步者的遐想》

事实上是卢梭对自己这一生的交代。《一个孤独漫步者的遐想》和梭罗的《瓦尔登湖》一样，讲述的都是一个孤独隐居者与大自然对话的故事。这本小书也成为法国优秀的散文作品之一。《一个孤独漫步者的遐想》《忏悔录》与《对话录：卢梭评论让 - 雅克》被视为卢梭的自传三部曲，世上很少有人写自传时敢于对自己做出如此无情的剖析。卢梭的孤独是永恒的，是痛苦的，但不悲观、忧伤。这不仅仅体现在他终身投入的学术研究中，也是对他的爱情的最好诠释。卢梭的遗作《一个孤独漫步者的遐想》出版后一直长盛不衰。大作家歌德说得好，“伏尔泰结束了一个时代，而卢梭则开始了一个时代”。卢梭的书并不需要许多逻辑推理，但要逐句读才有味道，要用心、用情去感受，你会发现有一个人在对你说话、倾诉。

（8）提出疑问

可将对书中某些情节或观点产生的疑问或困惑记录下来。

（9）作者的故事

作者写这本书时所处的社会背景，他的人生经历，都可以被记录成读书笔记。

写读书笔记，可以帮助你扩展视野，让你养成独立思考的习惯。

如果觉得做笔记时打字费时费力，也可以用手机的语音转文字功能做笔记，这样能大大提高你的写作效率。

带着问题读书

如果不看书，能不能做读书笔记?

可以的。而且最好在你翻开一本书之前，就开始做第一篇读书笔记。怎么做呢？在翻书之前，先回答以下问题，其答案就构成了你的第一篇笔记。

- 目的：你看这本书的目的是什么？
- 已知：关于这本书所涉及的主题，你已经掌握了哪些内容？
- 想知：关于这本书所涉及的主题，你还想重点知道些什么？
- 预知：你猜这本书会讲些什么？
- 提问：关于这个主题，你能提出哪些通用的专业性问题？
- 提问：关于这个主题，你还能提出哪些有价值或有趣的问题？

“通用的专业性问题”需要稍加解释。任何领域都有一些差不多的“专业性问题”，比如重要概念、专有词汇、分类、成因、作用、重要事件和人物……

例如，学习相声时就会遇到以下专业性问题。

- 相声中有哪些重要概念和专有词汇？
- 相声分为几类？相声属于哪个文艺类别？
- 相声的发展历史是怎样的？
- 相声的作用是什么？
- 相声界有哪些重要事件和人物？

学习社群运营会遇到以下专业性问题。

- 社群运营有哪些重要概念和专有词汇？
- 社群运营分为哪几类？社群运营属于哪个大部门？
- 社群运营的发展历史是怎样的？
- 社群运营的作用是什么？

- 社群运营有哪些重要事件和人物？

通用的专业问题是了解一个领域的基础问题，经常带着这些问题阅读，可以帮助自己更有全局观地进入一个新领域。

在读了一本书之后，尝试回答以下问题。

- 重点：书里有哪些重要信息？
- 总结：你能总结作者的观点吗？
- 重述：你能用自己的话或者结合自己的生活经验，重述作者观点吗？
- 图示：如果用图表来记录书中的内容，你会怎么画？
- 考试：如果你是一位老师，要为这本书出一份考卷，你会考哪些知识点？
- 迁移：如何将新信息和自己已有的知识相结合？这些新信息还能用在哪些方面？

不仅要带着问题读书，而且要回答这些问题并将答案记录下来，确实要花更多的时间，但这种阅读方法带来的益处也大得多，所以绝对是事半功倍的好方法。

更重要的是，当你按照这一节的阅读方法实践过几次以后，就可以很骄傲地告诉别人："我是一个会阅读的人了！"

你还可以指导别人高效阅读："什么？你觉得读书效率太低？我来教教你。"

高频次地向自己提问

"没有提问，就没有思考""要想学习好，提问少不了"。每个高效学习的人，都是高频次地向自己提问的人，这些问题使他们思维活跃，不断获取知识。而且在演讲的过程中，也经常会运用“提问”的技巧。古希腊哲学家、演说家和辩论家苏格拉底，就是一位特别善于通过提问来促进别人思考的人。

提问的技巧有很多，有的适用于个人辅导，有的适用于审讯、访问、科学研究、制定策略。本节介绍三种适用于高效学习的提问方式。

赛博学习法——12 问

前文“带着问题读书”中列举的 12 个问题，就来自赛博学习法。

这 12 个问题，特别适用于阅读场景。

苏格拉底式提问——4 问

苏格拉底式的提问通常被人称作“打破砂锅问到底”式的提问。

传说，苏格拉底在与人辩论的时候，并不急于说出自己的观点，他只是抽丝剥茧地向对方提问，让对方自己发觉自己的逻辑不自洽，汗颜而归，只能回去思考。

如果在生活中运用这种提问方式，有时候会让人感到厌烦。但苏格拉底式的提问至少让我们明白了一件事：提问的目的，绝不仅是获得正确答案，而是促进思考与学习。

苏格拉底有 4 个最基础的问题。

- 是什么：事物的概念、状态、事实、内涵、本质……
- 为什么：事物的原因、过程、要素，而且可以一直向前追溯。
- 然后呢：事物的延续、结果、作用，而且可以一直向后推理。
- 还有呢：事物的外延、扩展、运用、其他领域……

以学习演讲为例。当你翻到本书任何一个具体的技巧或方法，都可以尝试问自己以下问题。

- 这是什么？这可以帮助你记牢、阐明这些技巧和方法。
- 为什么这个方法可行？这可以让你更深地去思考方法背后的理论基础。
- 当你问“然后呢”，你可能会发现自己需要更多的实践和练习。
- 当你问“还有呢”，你可能会想到这个技巧还能用在公众号文案写作或亲子沟通上。

布鲁姆的教育目标分类 6 问

本杰明·布鲁姆（Benjamin Bloom）生于 1913 年，是美国当代著名的心理学家、教育家，曾担任美国教育研究协会会长。他的著作《教育目标分类学》在社会上产生了很大影响。

他按照认知水平把学习分成了 6 个台阶，从记忆、理解到应用、分析，再到评价和创新。前文提到的“创新创造是高阶的学习认知过程”就基于这个理论。

布鲁姆关于教学和课程设计的理论是丰富、细致而严谨的，几乎在与教学相关的所有领域都能用到，我们只是择其最基础的理论运用于“提问”。

（1）记忆

你记住了吗？

你能回忆起哪些内容？

你能识别出什么？

（2）理解

你理解了吗？

你能举个例子吗？

你能解释一下吗？

你能说出他们的区别吗？

（3）应用

你会用了吗？你能用这个方法试一下吗？

（4）分析

你能把它和别的方法进行对比分析吗？

你能说出几个方法之间的关系吗？

（5）评价

你能评价判断一下它吗？

（6）创新

你能创造出新的方法吗？

你还能用它来做什么？

布鲁姆的认知阶梯还能让我们知道如何判断自己是不是学会了。作业完成了、考试通过了、听完了课程，就算学会了吗？从认知阶梯的角度讲，学习者要对自己有更高的要求，要能够利用已有的知识和学到的知识进行创新，才是最高阶的认知状态。

有一种说法，教育的真正目标是让一个人进入一种不断提问题的状态。作为学习者，掌握并且内化一套向自己高频次提问的方法是必要的。

这一节提供的三套通过提问促进学习的方式，都是先贤们的思想精髓，本书只是对其做了更通俗的解读。在日常学习中使用哪一套学习方式都可以，只要多提问，高频次地提问，就比闷头当“海绵”强。

讲给别人听

费曼学习法

最近流行的“费曼学习法”，也就是能够用通俗的语言把学到的内容讲给别人听。

“费曼学习法”是后人总结提炼的方法论，并不是费曼（Feynman）自己提出来的。而且费曼学习方法的精髓并不仅限于这些。

费曼先生的生活经历可谓丰富多彩。作为物理学家，他在闲时就跑去生物系听课，他也不怕自己底子薄，遇到不懂的基础知识就边问边学。几个月后，他还去哈佛的生物系给学生们讲了一堂课；费曼想去南美旅行，就去学了西班牙语和葡萄牙语，然后去了巴西，在那里的学校教了 8 个月的物理；费曼研究怎么开锁，最后几乎能打开国家原子弹实验室里所有保险柜……

他发现各个学科里都有一些显而易见的、外行人会提出但内行人不知道该怎么回答的问题，他的研究往往就是从这些问题开始的。

费曼学习法的精髓就是保有强烈的好奇心，积极地探索，研究性地学习。

好为人师

虽然“讲给别人听”并不是费曼学习法的精髓，也不是费曼的独创，但这确实是学习的好方法。

按照学习金字塔理论来说，效能更高的学习方式有三种：讨论、实践和讲给别人听。这三种方式被称为主动学习的方式。其中讲给别人听或者教授给他人，被证明是效率最高的方式。

亚里士多德也表达过同样的意思：教是最高层次的理解。

在电影《跑吧孩子》中，贫困的主角男孩成绩最好，因为他经常要帮别人做作业，给别人讲题。樊登博士也总说，他给大家讲书，其实进步和受益最多的是他自己。

我们组建的演讲俱乐部有一个听起来很直白通俗的口号：读书、进步、帮助他人。为什么演讲俱乐部要强调读书呢？因为演讲的背后是学问，学问提升了才能讲得更好。为什么要“帮助他人”呢？因为学问的背后，还要有态度——利他利己的双赢态度。如果用我们掌握的技能帮助身边人提高沟通表达能力，你猜谁提高得更快呢？

那些经常给别人的演讲做点评的教练，那些“好为人师”的热情的学长学姐，都从帮助别人提高的过程中受益匪浅。他们甚至为了更好地点评演讲，集体创作了一副“点评扑克牌”，用54张牌写了54个点评演讲的角度。这也是让演讲变得更好的方法。

能用学到的东西创造出新的工具、新的方法，这不正是布鲁姆认知阶梯中最高的一级吗？

演讲是一项技能，是一项表达的技能。表达的内容可以是世界上所有的东西。“我的语言的界限，意味着我的世界的界限”，用表达去拓宽你的世界吧。

学习，是做知识的主人

20年前，我刚来北京，人生地不熟。樊登比我先来，他告诉我，坐夏利出租车你要选7102车型，它和7100车型的收费一样，但空调更好；他说若是买鞋，得去王府井的工美……他俨然“北京的主人”。

过了一些年，我也要经常接待来北京的朋友和同学。在冬天，我会带他们去逛北大未明湖的冰面，带他们去元大都城墙的遗址感受忽必烈当年建都时的豪迈，带他们去清华大学梁思成故居，带他们开着车穿过鸦儿胡同，一直开到后海湖边（都是不花钱的好地方）。

当我也变成“北京的主人”，当我自己去过、见过、感受过地图上和导游书上写着的地点，再把这些地方重新糅杂起来变成自己喜欢的那个北京之后，我才可以绘声绘色地，像介绍礼物一样把它介绍给我的朋友，这个北京并不是书本上的北京，而是我重新建构和描述出来的北京。只有这个时候，我才感觉自己像是这个地方的主人。

你每次搬新家、布置新居，什么时候能够感觉自己成了主人？当你知道屋子里的每件东西都摆放在哪儿，你才有了主人感。我们新买的房子要装修、要自己买家具，因为只有这样，我们才会有主人的感觉。

学习就是要做知识的主人。

我们在教育上经常提到“建构”一词，如果你能把一个知识运用起来，或者是从多方面分析评价它，或者用自己的语言将其重新组合后讲出来，其实你就是在通过建构的方式主动学习。你只有经过了把知识拿来实践、讲给别人听的过程，才能成为知识的主人。

导游带着你在北京逛一圈，你不会成为北京的主人；导游带你在任何一个地方逛一圈，你都不会成为那里的主人。

你买了很多课、听了很多课，很多时候就仅仅是被老师带着逛了一圈。樊登跟你说坐这个型号的出租车、去那里买鞋，听起来会觉得很好，但他才是知识的主人，你不是。你不去坐车感受更好的空调、不去鞋店看看、不去实践、不去跟别人交流，这些知识还是他的，不是你的。

归根结底就是一句话，真正的学习就是要做知识的主人。

加入课堂或组建学习型社团

三人行，必有我师。

参加学习班，组建一个兴趣小组或者研究小组，找到自己的学习搭档，加入一个学习社群……都有助于个人的学习和提升。

第一，我们能从彼此身上学到东西。

第二，学习班等专业团队往往能提供更有效的学习方式和学习氛围，包括学习的场地、环境、教学用品、教学流程、教学目标、测评、学习展示等，这往往是自学不能全部获得的。

第三，加入一个组织或投入一点钱，能够对自己形成约束与鞭策。

学习是反人性的吗

经常听见人说，学习是反人性的。

既然是反人性的，为什么还有那么多人主动学习呢？

人当然会有懒惰的、追求即时满足的欲望，这看似和很多学习状态需要的长期投入、专注、坚持、努力相悖。如果用这个观点看待人，那似乎只有那些不需要坚持的事儿，比如吃高热量的食品、打游戏才算符合人性。但这些其实只是人的动物性，就像把一只仓鼠关在笼子里，只要不断喂食，即使它不饿也会不停地吃。

学习，不仅不是反人性的，而且恰恰体现了人性的光辉之处。人类恰恰是因为具有优秀的学习能力才变得伟大。

奥德修斯自缚

人类的一个伟大之处在于，在繁衍和发展的历程中，能够通过学习识别危险、避免危险，能够创造更高级的快乐。

荷马史诗《奥德赛》中有一个女妖叫塞壬，她住在岛上，唱歌非常动听，凡是听到她的歌声的人都会经不住诱惑朝她驶去，然后触礁而死。

有一个英雄叫奥德修斯，他想听美妙的歌声，也知道自己控制不住自己，于是他命令水手们把自己绑在船上，让水手们都把耳朵堵上。奥德修斯以这种自缚的办法，既听到了美妙的歌声，也避免了危险。

我有一个读书社群，叫“勤于阅读群”，群内成员有 90% 的人每个月读书并且做笔记的天数超过 24 天。促进的方法也很简单，每人预先交纳 300 元激励金，完成 24 天读书任务的人会被退还这笔钱；如果没有完成，他的这笔钱就会以“发红包”的方式被分发给完成任务的人。

这是一种为了学习而进行的自缚吗？用金钱和自己在社群里的面子把自己绑缚住？

当然是。但此外还有一点“领红包”的小激励。

但这个社群已经持续运营两年了，社群里的大部分老朋友在乎的早已不是这一点约束金或者激励金，几乎每一个人在谈到这个社群对自己的影响时，体会到的都是坚持阅读带给自己的成就感和养成学习习惯后产生的自信，以及书中的知识带给自己的成长、收获，他们从中得到了更高层次的快乐。

如何在课堂上学习演讲

市面上有很多演讲课程，音频课、直播课、线上训练营、线下大班课、线下小班课……哪种形式更有助于学习演讲？

按照我的经验，演讲作为一种技能，和其他技能一样，“光说不练假把式”，从“知道”到“学会”需要大量的模拟训练和来自听众的真实反馈。

如果只想了解一些演讲的技巧和方法，听听音频课、直播课足矣。但要想掌握演讲这门技能，音频课、直播课还缺少练习的过程，就好像学习游泳只听了理论课。

线上训练营通常是以“听课 + 作业打卡 + 点评反馈”的方式学习，既能让你快速了解演讲的技巧和方法，也有模拟训练和来自同学、老师的点评反馈，美中不足的是缺少真实场景的模拟训练，就好像在岸上学游泳，在岸上把姿势动作练了八百遍，下水后也还会发懵呛水。

我在辅导别人演讲的时候，经常强调演讲训练一定要无限靠近真实场景。真实的演讲一般有三个特点：站着讲，有听众，正常音量。

这三个特点看起来简单，做起来却并不容易。

首先是“站着讲”。我们在工作和学习中，大多是坐着思考、坐着发言，因此并不一定能适应站起来讲话。有个朋友对我说：“坐着讲话放松、自在，站起来讲话就好像没穿衣服，让人感到难受！”所以我鼓励学员在模拟演讲训练时站起来讲话。就像学游泳，先呛几口水，熟悉水中的环境，才能真正掌握游泳的技巧；演讲也一样，只有熟悉和适应站着讲话的感受，那些技巧和方法才能派上用场。

其次是“有听众”。练习演讲时，最好能有三五位听众给你真实反馈。有人喜欢对着镜子练习，镜子给你的反馈更多涉及表情、妆容、动作，不能深入内容感受。参加线下课学习演讲的最大好处是你能讲给老师和同学听，他们会给你一些反馈。

最后是“正常音量”。我大学时的一位室友是学生会干部，他经常参加各类演讲汇报。每一次重要的演讲前，他都会在卫生间轻声细语地练习，生怕别人听到。矛盾的是，正式演讲时他必须走上台，面对许多同学、老师演讲，要保证声音能让每一个人听清楚。

最能满足真实场景下演讲训练的当然是线下课，而线下大班课由于学员多、老师少，学员获得老师点评反馈的机会就很少。我的经验是，选择 20 人左右的线下小班课学习演讲，效果更明显。

更为重要的是，在课堂上你不是一个知识记录者，而是一个技能练习者。练习时保持正常的音量，多站着讲，多寻求老师和同学的真实反馈，多用你已学到的演讲技巧帮助身边的人做好演讲，这样，你在课堂上的收获一定不少。

加入或组建演讲俱乐部

如果囿于地域、经济、时间等多方面因素，你没有条件加入线下学习班，那么怎样学好演讲呢?

有一种更适合日常的、便捷高效的学习方式，就是加入学习型的社团或俱乐部。如果身边没有这样的俱乐部，你完全可以自己组建一个，哪怕只有两三个人，也可以共同策划日常的学习和交流分享活动。

俱乐部的存在由来已久。现代意义上的俱乐部诞生于英国。有笑话说，如果把两个英国人扔到一个无人居住的小岛上，他们要做的第一件事就是组建一个俱乐部。学习型俱乐部不过是同道中人聚在一起，形成共同学习和交流的社交圈。

这种形式在中国也是古已有之，比如古代的各种诗会，文人骚客们聚在一起互相切磋、学习、创作诗歌。物以类聚，人以群分，同声相应，同气相求，俱乐部就是让具有相同志趣的人聚合在一起。

在我自己的职业成长生涯中，为了强化业务技能，我创设过几个小型俱乐部，比如专门探讨电视节目模式的学习小组。在教学演讲的过程当中，我们的演讲教练在各地创设了“优秀演讲者俱乐部”，让会员和学员们定期聚在一起参与各项活动，这既是学习的方式，也是社交和娱乐的方式，还可以升转为一种商业运营模式。

就像创建一个项目或企业一样，俱乐部也需要有它的使命或宗旨，有日常的活动设计。组建俱乐部，未必需要传统课堂上权威的教师。如前所述，教师的知识权威，在当下的互联网时代，其实被削减了。几乎没有什么知识，不能从互联网上轻易获得。加入学习型社团或俱乐部的意义，不再仅限于获得知识，更在于共同学习，促进思考、彼此反馈、互相指教。对于组织或参加一个俱乐部来说，相对更重要的是它的使命宗旨、日常活动设计，以及有懂行的教练，来承担一定的活动组织工作。

如果你的城市有“优秀演讲者俱乐部”，欢迎你的加入。如果没有，你可以和其他乐于通过这种形式学习演讲的人，一起组建一个。就像我们组建的“优秀演讲者俱乐部”，它的宗旨是帮助别人做好演讲，也就是运用本章所讲的“讲给别人听”的学习方式，这样做既能提升自己的水平，也能造福他人。

本章小结

本章讲了许多通用的学习方法，这些学习方法并不只针对演讲学习，还可以被广泛应用于各种技能和科目的学习。

- 梳理自己的知识谱系
- 成为专家：带着研究主题学习
- 养成高效阅读和记录的习惯
- 高频次地向自己提问
- 讲给别人听
- 加入课堂或组建学习型社团

接下来的章节将有针对性地介绍演讲的技巧，也会穿插和回顾本章提到的学习方法，让大家既能学习演讲，又能通过演讲学习。

03

CHAPTER

第三章 12个高效演讲方法

有人说："好看的皮囊千篇一律，有趣的灵魂各有不同。"

演讲也是同样的道理。

演讲是思想观念和情绪的表达，好的演讲自然是各有各的妙处。

演讲又是一种外在的呈现。之所以说"好看的皮囊千篇一律"，是因为美的背后有审美标准、有规律，同样，好的演讲，背后也有一些共通的、可以被复制和运用的规律。

"工欲善其事，必先利其器。"各种做事的规律和方法就是一种"器"。本章列出的 12 种方法，都是我们在辅导学员演讲和创作演讲稿时，最好用或效果最明显的方法。

从听众出发

你要讲给谁听？这是有经验的演讲者在准备一场演讲时首先需要明确的问题，也是我在进行演讲辅导时问学员的第一个问题。

明确这个问题，可以极大地增强演讲者在演讲时的对象感，帮助他们创作好的演讲开头，设置更有针对性的互动环节。

下面是一段一分钟的自我介绍，你最好能用念读的方式来阅读它，感受一下口语表达和书面表达有哪些异同。

> 各位老师好，你们都有孩子，你们的孩子也会有孩子，所以你们一定会关心孩子们平时都接触什么样的传媒产品。
>
> 我在儿童传媒这个领域的研究经验还是比较丰富的。我做过导演，编过片子，做过外景主持，扛过摄像机，应该说经验还是比较丰富的。这是我想说的第一点。
>
> 我想说的第二点是，我认为学习对我特别重要。我是个中专生，是因为来北京努力求学，才有机会进入电视台工作，也是因为学习新知识，才有机会转行到现在的 ×× 互联网公司。对我来讲，学习就像阳光和雨水一样。
>
> 我希望有机会成为在座各位老师的学生。我叫 ××。

这是一份北大研究生面试时自我介绍的真实文稿。这个自我介绍虽然很简短，却用到了本书中绝大多数的方法。

既然是研究生面试的自我介绍，他的听众就是面试导师，所以他的第一句话是“各位老师好”。

而他接下来的一句“你们都有孩子”是他提前做过调查才这样说的。

导师名单里的十几位导师，基本上都是有一定社会声望和影响力的学者或公众人物。你可以从各种公开资料里检索到他们的许多信息，也可以了解到他们的讲座、公开发言以及他们关注什么……

这位面试者了解到那几位导师都有孩子，他们在很多场合也谈到过关于亲子教育及自己家庭的情况，所以在自我介绍时才有了上述内容。这些有的放矢的言辞既与听众关联紧密，又可以迅速引起听众的关注。

从听众出发并了解听众是需要做功课的。你掌握听众的信息越多，就越容易建立演讲的对象感，也就越容易抓住听众。

不仅如此，充分了解听众对演讲的各个环节都有帮助。

- 梳理演讲的目标——他们可能怎样采取行动或做出决定
- 设计好演讲开头——确保与听众相关，并引起听众的兴趣
- 筛选演讲的内容——要讲对听众有价值、有新意的内容
- 采用合适的语言——要确保听众都能听得懂
- 设计演讲中的提问与互动——对可能收到的效果做出预估
- 掌控现场氛围和情绪——提升效果、减少潜在的心理冲突

以上是了解听众对做一次好演讲的六项帮助，可具体拆解如下。

从听众出发、了解听众的第一个作用是梳理演讲的目标。你希望他们听完演讲后可能采取的行动或者做出的决定，就是演讲希望达到的目标。关于确定目标，在后文中还会详述。

“从听众出发”的作用之二是设计演讲开头。就如上文中使用的案例，要确保演讲开头与听众相关并且能引起他们的兴趣。

“从听众出发”的作用之三是筛选演讲内容。许多精心准备的演讲，效果却不够好，问题往往不是信息量不够，而是信息太多。你需要确保演讲内容对听

众（而不是对自己）是有价值、有新意的。因此，你需要从他们的立场和兴趣出发对内容进行筛选。

“从听众出发”的作用之四是结合听众的认知水平，采用合适的语言，确保听众都能听懂。如果你的听众都是你同行业的人，那么你可以在演讲过程中使用一些专业词汇，大家会有共识。如果有一些听众不是你的同行，你就需要使用特别浅显直白的语言。当你面对老人、中年人或小孩时，演讲的节奏也应有所区别。

“从听众出发”的作用之五是设计演讲中的提问与互动。你只有了解了听众的喜好，才可能对效果做出判断和预估。如果听众都是比较活跃的人，你就可以多设计些互动。如果听众普遍比较闷，不爱说话，你对互动效果的预期就需要降低。

“从听众出发”的作用之六是掌控现场的氛围和情绪，减少潜在的心理冲突。你在听别人演讲时，心中也可能带有负面情绪，可能是质疑，也可能是不屑，甚至还可能是反感，这就是潜在的心理冲突。凭什么是他讲，他凭什么这样讲……你心中会有引起抵触和冲突情绪的问题，你的听众心中可能也会有，这些情绪集合起来，影响的就是你演讲的氛围。如果你了解听众，了解他们的偏好，就能更好地预估问题所在并提前准备好对策。

因为大数据和人工智能的发展，你搜索过什么、你缺什么、买过什么、平常和朋友聊天的关键词是什么，数据平台对此了如指掌，甚至比你对自己的了解都要深入。

想象一下，如果你能够拥有这样的数据视角，能够了解听众的习惯和喜好，听众该多么爱听你的演讲。

当然这只是设想，我们现在还做不到。怎么办？下面这份清单可以帮助你。

听众清单

（1）他们是谁？

（2）人数多少？

（3）听众的性别比例如何？

（4）听众的年龄分布如何？

（5）听众的职业分布如何？

（6）听众的学历和受教育程度如何？

（7）他们接受教育的特点是怎样的？

（8）他们的收入状况如何？

（9）他们的家庭状况如何？

（10）他们的家庭关系如何？

（11）他们是否有孩子？孩子年龄多大？

（12）他们有什么诉求？

（13）他们有什么禁忌和习惯？

（14）他们的座位是怎么分布的？

（15）有他们的名单吗？

（16）谁组织他们来的？

（17）他们彼此是朋友吗？相互认识的人多吗？

（18）他们有哪些共同点？（至少列出 5 项）

（19）有什么信息是他们都知道的？

（20）他们普遍关心哪些事情？

（21）他们中间有我认识的或认识我的人吗？

（22）我讲的哪些事情可能会和他们有关联？

（23）我讲的哪些事情可能会对他们有帮助？

（24）我讲的哪些事情可能跟他们没关系？

（25）重点互动对象的性格是怎样的？爽快，矜持，宽容，不妥协，等等。

了解听众才能更好地演讲。

这份清单就是一个了解听众的工具。当你需要为演讲做准备的时候，依照清单上的问题，尽可能多地去确认答案，并且还可以由清单引申出更多其他问题。

以清单中的几个问题为例。

听众的年龄分布如何？如果你的听众中有些是孩子，你就需要让自己的语言浅显易懂，并设计一些与孩子互动的场景。

他们有什么禁忌和习惯？一定要尊重在场听众的不同习惯，不要冒犯他们的禁忌。

他们的座位是怎么分布的？你需要提前了解座位分布情况，是剧场型的，还是阶梯型的。他们面前都有桌子吗？如果你需要走到听众席互动，有通道可供行走吗？了解这些信息有助于你设计自己的互动方式。

他们彼此是朋友吗？相互认识的人多吗？他们有哪些共同点？你至少要列出五六项共同点，因为这些共同点往往能够帮助你找到适用的演讲开头。

他们普遍关心哪些事情？如果听众是一群家长，他们普遍关心的肯定是孩子的教育问题；如果听众是一群时尚的妈妈，她们可能不只关心教育问题，还关心美容化妆的问题。

在我们的演讲训练营中，每一个学员都会拿到这样一张表，并且练习如何使用它。并不是每一个问题都需要一个准确的答案，清单作为工具的好处就是，你在依次寻找问题答案的过程中总会获得更多新信息。

我以前在电视台担任谈话节目的策划和记者时，不仅要采访很多人，还要把采访的感受和很多同事、主持人进行分享，为了能更准确地描述和评价采访对象，我当时做过类似的清单表格。

我就是在此基础上，针对演讲做了一个听众清单，它可以让你在演讲之前更好地了解你的听众，帮助演讲者对演讲预先做一次全面的梳理。

核心观点

一定不要在对听众一无所知的情况下设计自己的演讲，这样你的工作很可能是徒劳的。从听众出发，利用听众清单了解演讲受众，这是把演讲做好的基础工作和第一个方法。

为目标服务

准备演讲有两个基础的方法。第一是从听众出发，要做足功课，尽可能多了解他们，这是对听众的尊重和负责任；第二是从演讲目标出发，厘清自己的演讲目标，这是对自己的付出负责任。

我们在第一章中讲到，只要是有目的的社交沟通都属于演讲。

你希望听你讲话的人做什么，这就是你的演讲目标。我们还是用前文的案例进行分析。在研究生面试时，做自我介绍的目的是什么？是希望面试老师对你产生好感、信任，对你表示赞赏，给你高的评分，进而录取你。

各位老师好，你们都有孩子，你们的孩子也会有孩子，所以你们一定会关心孩子们平时都接触什么样的传媒产品？

我在儿童传媒这个领域的研究经验还是比较丰富的。我做过导演，编过片子，做过外景主持，扛过摄像机，应该说经验还是比较丰富的。

这是我想说的第一点。

我想说的第二点是，我认为学习对我特别重要。我是个中专生，是因为来北京努力求学，才有机会进入电视台工作，也是因为学习新知识，才有机会转行到现在的 ×× 互联网公司。对我来讲，学习就像阳光和雨水一样。

我希望有机会成为在座各位老师的学生。我叫 ××。

在准备这段自我介绍时，其实面试者想要表达的自我优势特别多：获得过的各种奖项荣誉、个性特点、优秀品质、兴趣爱好、从业经验……

事实上，当我们精心准备演讲时常常会准备过多的内容，在做取舍的时候，第一要从听众出发，选择与听众有关联的、他们感兴趣的内容，第二就是要把自己的目标时刻悬在头顶，提醒自己，内容为目标服务。

显然，这名学生的演讲目标是得到导师们的认可，让导师觉得自己是他们需要的人。

导师对学生的期望往往是在各自的专业领域有经验甚至有建树，而且大多数老师都希望学生勤奋好学。

因此，在这段面试的自我介绍中，这名学生只强调了“自己在专业领域的经验”和“学习对自己的重要性”两个方面。

关于目标，还有非常重要的一点就是，最好能在演讲中把目标说出来。因为你不说，别人未必知道。

在上述案例中，最后一句话“我希望有机会成为在座各位老师的学生”，非常明确地表达了面试者的诉求。

彼得 · 迈尔斯（Peter Meyers）在《高效演讲》这本书中，将演讲的目标分为三个不同的层次。

- 最高层次的目标是，听众采取什么行动。
- 第二个层次的目标是，听众做出什么决定。
- 最基础的第一层目标是，听众有什么感受，获得什么新的观点，或者得到什么样的启发。

在这个分类中最重要的一点是，在你描述这个目标时，主语一定是听众。

我经常问演讲者，你这次演讲的目标是什么。他们往往回答："我这次的目标是把我们公司的产品讲清楚。"

这就错了。只有以听众作为主语的句子才能叫目标，而不是以"我"为主语。比如上面这个目标可调整为"听众能够认识到我们公司的产品在全国是最好的"。

同样，当你向心爱的人表白时，目标应该是"对方能舒服地感受或接受我对他的爱"，而不是"我要表达我的爱"。

主语调整前后最大的区别在于表述的立场，是自说自话还是从听众出发、顾及别人的感受。

演讲目标有三个层次，你可以根据实际情况来设置具体的层次目标。

商场里的促销员希望听他演讲的人能够当场买单，求婚的男士希望对方当场就答应嫁给自己。这都是第一层次的目标，也就是希望对象能够当场采取某种行动。行动有很多种，比如，加微信、扫码、举手、领取资料、和你交谈……

当你有这些号召行动的演讲目标时，就尽量把它说出来。比如在加入一个新团队做自我介绍时，如果你讲兴趣爱好的目的是更快地在团队中找到志同道合的朋友，你可以明确表达："有没有和我一样喜欢 ×× 的，欢迎一会儿加我的微信，散会后我们可以一起吃饭。"

在求职面试时，你可以明确地提出诉求，比如希望面试官给自己进入下一轮的机会，或者延长一些面试交流的时间，甚至以轻松的语言方式表达，希望面试官把自己的简历放在通过或候选的那一摞中。

再比如你去参加相亲会，你希望对你感兴趣的人能和你联系，那你就要把这个目标和希望对方采取的行动说出来：我是 ××，我喜欢 ×× 样的人，我希望对我感兴趣的人可以找我聊天，我就坐在 5 号桌，我的微信是 ××。你对期待对方采取的行动描述得越具体，就越容易得到反馈。

但并不是所有的演讲都可以让听众当场行动。

我在辅导一些产品销售的演讲时会问学员，咱们演讲的目标是什么？很多人说是成交。真的是这样吗？你确定只有成交才是你的目标吗？你确定一开始交流就直奔成交是合适的吗？

目标要分解得越细致越好。和对方互相加微信了解一下；让对方给你几分钟的时间听你介绍产品，让对方愿意尝试体验一下免费版、试用版；让对方愿意参加你以后组织的活动……这些都是目标。

但是，不是所有演讲都能让别人在现场就行动。所以，第二个层次的目标是希望听众做出某种决定。

比如，听完你的演讲，听众决定回去和家人分享自己听到的观点，决定回去减肥，决定养一只宠物，决定改善和孩子的关系……

作为一种演讲的目标，促成听众做出决定也是可以直接用语言表达的，甚至可以用行动的方式来强化。比如说“听了我刚才讲的故事，有减肥打算的人请举手”。

给听众带来新知或新观点是演讲目标最基础的层次，尤其是对那些知识分享类的演讲来说，这是一个主要诉求。

同样的演讲，你可以设立不同层次的目标。

以公司面试为例，最基本的目标是让面试官觉得你身上有很多闪光点，至少你能给他带去很多新的信息；更进一层次的目标是，让他做出决定，给你一个进入复试的机会，或者把你列入候选人名单；更进一层次的目标甚至可以是让对方当即录用你，让你第二天直接去上班。

再比如，现在很多创业者经常参加一些社交饭局。你在饭局上和别人聊天，介绍自己和自己的项目，当然都是有目的的。

最低层次的目的是通过讲自己在做什么、和大家有什么关系，让大家了解一些新信息并产生触动。达到这个层次，彼此就可以很愉快地聊天吃饭了。

更高一层次的目标是有人觉得你的产品不错，决定回去试一下；也有人决定以后约个时间和你好好聊聊；还有人很欣赏你，决定和你交朋友……那么这个饭局你就没有白来。

如果当时就有人采取行动，调换座位坐到你旁边，说有事请教你，甚至还考虑给你投资，这就达到了更高一层的目的。

这就需要你在赴饭局之前，明确不同层次的目的，目的越细化越好。

回到前面的案例，那段自我介绍的目的是希望老师决定录用自己。细化以后的目标是通过这次自我介绍，让考官认识到你是一个有专业特点且值得培养的爱学习的好学生。

演讲的内容要点要围绕演讲目的来确定。目的越清晰，越能有针对性地准备演讲内容。

目标思维是一种普适的思维方式，属于一种“元认知”。

创立一个企业，首先要考虑企业的使命目标；开展一个项目，也要考虑项目目标；公司里每个人都有自己的 KPI 或 OKR；老师上课有教学目标，学生学习有考评目标……

处在社会生活中的人，在进行绝大多数社会交往和互动时，目标思维、目标导向都是提高行为效能的基本思维方式。演讲作为一种社会交往的沟通方式，自然也是如此。

核心观点

演讲的目标要以听众或者“你”为主语。

演讲的目标分为“新知与感受”“决定”“行动”三个不同的层次。

在演讲中最好能把目标说出来。

目标拆解得越细致越好。

根据目标组织内容要点。

不说假话

在演讲中（包括即兴演讲），最重要的一个原则，也是一个需要运用的技巧，就是不说假话。

主要有以下几个原因。

（1）识别假话是人的天性。

回想一下，你是不是经常能识别出别人在撒谎？例如我们看电视节目，节目里有些人提前做了大量的准备，有的甚至还是专业演戏的人，但你还是能看出他们在撒谎。

所以如果你说假话，别人也大多能看出来。

（2）在演讲中说假话，会让你倍感紧张。

我在辅导众多人做演讲的过程中观察到，凡是那些想说假话、想遮掩什么、想回避什么的演讲者，往往在演讲前内心会极度忐忑不安、紧张、缺乏自信，这反而会破坏他们的演讲。

（3）技术层面上，说实话更容易。

如果你说实话，只需陈述事实；但如果你说了谎话，就需要用很多其他话来圆这个谎。毋庸置疑，说假话的成本更高，技术要求也更高。

有的人可能会说，我是个实在人，平常就不爱撒谎，也想不通演讲的时候为什么要撒谎。那我接下来就给你讲两个“实在人”的故事，供大家参考。

故事一

我辅导公务员面试时，有个学员30岁出头、性格比较内向，他报考的岗位属于警察岗。他苦恼于自己难以流利地进行自我介绍，面试官只要一问他为什么报考警察岗位、他在这方面有什么优势，他就哑口无言了。

我通过和他聊天逐渐了解到，阻碍他表达的第一个原因就是，该岗位并不是他主动选择报考的。

他过去是一个水利工程师，结婚后去了女方生活的城市安家。但在这个小城市里，以他原本的专业技能根本找不到相应的工作。于是他决定报考公务员，但当时没有专业限制的岗位只有警察岗，所以他就报考了警察岗。

因此，他的真实情况是，报考警察岗只是无奈的选择。

第二个原因，是他不自信。

他当时已经是 30 岁的已婚人士，而他的竞争对手都是些 20 岁出头的精壮小伙子，他觉得自己完全没有竞争力，所以他更需要强调自己考警察岗的一番“衷心”。

但他又不好意思表达真实的原因，于是很怕被人问到这一痛处，因而变得特别紧张。

其实他自己也编了一套说辞，说自己从小就向往当警察，可以保护人民安全、维护社会治安等，可这套说辞对他而言就是假话，他自己都觉得说不圆。他该如何破局？我们后面会讲。

故事二

我的一个朋友要去做项目路演会，需要介绍很多财务数据，同时要对未来的数据进行预测，其中包括项目的营收预期。他的项目其实非常好，对他的项目有所了解的人都对此评价比较高，但这些主要是感性的判断，缺乏数据支撑。

这次路演被要求披露的那些数据主要是他估算得出的，依据不够充分，甚至在很大程度上是拍脑袋得出的。因此他感到很心虚，害怕评审人员问到这些数据的问题。

我问他事先为什么要填这些数据，他表示没有别的办法，不填写就不能参加这次路演，大家都需要这么干。但他就因此特别紧张，甚至有了很深的困扰。

你看，这是老实人窘迫的地方。

报考公务员某一岗位的真实原因摆不到台面上，怎么办？一个自己都觉得是瞎写的数据，怎么圆？这个时候你就会倾向于说假话，这便是在内心没底气的时候、有软肋的时候、有局限的时候，很多人做出的选择。

美国一名心理学家称，人是爱讲大话的动物，而且比自己意识到的讲得更多。他做过一个试验，请所有参与者在身上携带一个微型录音机，记录自己一天的谈话。他对这些录音的分析结果是，每 10 分钟的谈话中，平均会出现 3 次假话。

人们真的会说那么多谎言吗？

"这首歌你唱得真好听。"

"亲爱的，你穿这件衣服一点都不显胖。"

"我回邮件迟了不是故意的，刚从垃圾邮件里看到这封邮件，真不好意思。"

……

你看，我们虽然都反对说假话，但其实都说过很多假话。

这么说来，好像说假话是很正常、很普遍的事情，那为什么我还要强调演讲时不要说假话呢？

因为说假话会让你在演讲时变得没有自信。

上文提及的那个考公务员的人，如果把自己编写的冠冕堂皇的套话背诵下来，行不行呢？

事实证明这是行不通的。因为他过不去心里的坎，他在模拟面试的时候都过不去。

我告诉他，唯一的办法就是直面自己的弱势。

他的真实情况是，为了妻子来到小城市而失去工作，选择考公务员。从某种意义上讲，他为了家庭舍弃了原来不错的工作，这说明他是个负责任的人，而做警察就需要负责任。

虽然他 30 岁才考警察，在年龄上和竞争者相比没优势。但作为一名重点大学理工科毕业的工程师，他的逻辑推理能力有很大的优势，而且他的语言逻辑也很好。

我给他做了这样的心理建设后，他从心理上认可了以下两点：第一，关于报考警察岗的初衷我没有什么不能讲的；第二，我有善于推理的优势。跨过了心里这两道坎，他的演讲状态发生了很大变化。再次进行模拟面试的时候，他就敢于发言了。在后来的正式面试中，他的应对也非常自如。

所以说，一定要诚实地面对自己的软肋。

不光是演讲，其实在生活中也一样。

记住这句话："所有的问题，都有诚实面对的办法。"

还有一个不要说假话的原因是，说假话比说实话更费心力。你一旦在演讲中讲了假话，在接下来的演讲中就要时时想着把那些假话遮掩过去，这会大大影响你的心理状态。

只有在你不说假话的时候，你的心理状态才是真正积极、健康的。

再回到前面考研面试自我介绍的案例。面试者的第一学历只是中专，他在面试前很纠结要不要说出这一点。

对于这个问题，我帮他做了如下分析。

第一，即使不说，你的简历就放在面试官那里，大家都可以看到。你不说不意味着这个事实就能被掩盖过去。

第二，从中专到大专，再到现在考研，还有目前的工作岗位，如果按照剧本讲故事的模型来说，这是一个“麻雀变凤凰”的故事，是非常好的故事素材，所以你一定要说。最后他在面试的时候，也把这一点如实地说了出来。

我做过一档叫《谢天谢地你来啦》的节目的主编、编剧。这是一个即兴喜剧表演节目。在即兴喜剧和戏剧里有一个最基础的原则叫作“Yes，and”。参加节目表演的嘉宾在面对所有给定的前提剧情时，都得说“是的”，然后进行解释，即在此基础上对剧情做叠加补充和发展。这是即兴喜剧最基本的准则。很多有趣的、有意味的故事，都是在这个准则之上发生的。

它不只是一种表演的准则，在我这么多年的实践中，我能非常深刻地感受到“Yes，and”这种即兴表演方式被用在了很多企业培训中，用来教员工们面对逆境。

“Yes，and”其实也是一种生活的哲学、人生的态度。对于已经发生的逆境，要说“yes”，不要急于否定、回避，应该在接受已经发生的事实的基础上想办法。

“好电影就是好老师”，我在线下给孩子们做电影学堂授课时，甚至在给成人上课时，经常用电影中的故事。

有一部电影叫《当幸福来敲门》，影片的主人公生活举步维艰，好不容易才争取到一个面试机会，结果在面试的前一天，他却因为欠了银行的利息被抓到了警察局。警察抓他的时候，他在刷墙，衣服上都是油漆。第二天从警察局出来的时候，正好面试的时间快到了，他就穿着那身脏衣服去面试了。面试官当然很生气，问他怎么穿成这样就来了。如果你遇到了这种情况，你会怎么办？

他没有回避，坦诚地告诉面试官，自己想了很多办法来解释这一切，但没有找到合适的理由。他如实讲了事情的原委，接着讲了自己有哪些闪光点，他的真诚打动了面试官，顺利地被录用。

很多时候大家说假话或夸大其词，是因为觉得自己可能没有那么多特点和优点，没有那么多特殊的经历可以去讲，实在需要编写或者夸大一些自己的优点，此以来吸引别人和彰显自己。真的是这样吗？

我当记者时曾经采访过很多人，其实每个人都有其独特的经历，都有值得讲的故事，即使再微不足道的人，他身上也有很多故事和闪光点。

我曾在我的线下课堂上做过一个实验，要求每个同学编辑一条很真诚的微信内容发给他身边的 10 个人，问对方：“你觉得我有哪些优点或长处？”然后，每个同学都收到了很多回复。

有时候你未必能看到自己身上的优点和特点。你也可以试着发信息给你的亲人、朋友，我相信你一定可以收获不一样的惊喜。

不说假话，其实远不只是一个演讲原则，更应该是你的人生态度与价值观，我们所有的演讲课程与辅导，都会恪守和强调这一点。

演讲未必需要华丽的词汇，孔子说：“辞达而已矣。”所有关于演讲的技巧和工具，都只有建立在“真实”的本色之上，才能真正发挥作用。

核心观点

好的演讲，不说假话。不管是技术上的原因，还是人生态度上的原因，现实的不利因素都可能让你感到紧张与忐忑。但你要先接受它，坦然面对所有真实的困境，没有什么是不能面对的。

说假话和识别假话都是人的惯性，所以你在演讲的时候一定不要说假话，坦然才能更自然。

礼物心态

演讲的紧张情绪，很多时候源于担心自己的表现不够完美、别人会不喜欢自己的演讲。事实上，哪有真正完美的演讲呢？

所以，不必对自己有很完美的期待。其实每个人都知道，完美是不可能发生的，你希望自己呈现的那种电影形象般衣着得体、口若悬河、滔滔不绝的完美演讲大师，是不存在的。

一个人要由内而外地散发演讲的魅力，首先在于演讲的内容，而不是外在的呈现。如果你一直抱有追求完美呈现的心态，你一定会紧张，而且还会失落。

如何应对演讲时的紧张？一个重要的方法就是保持“礼物心态”。

你在送别人礼物时，很少会期待自己的表现是完美的，因为你知道你手上拿着的这份礼物对别人是有价值的。

我经常去给别人上演讲课，在上课前，我也会有些紧张。但是我知道，无论我当时站在哪儿，讲话是不是有口音，无论我的坐姿、站姿如何，无论我衣着是否够档次，我心里都清楚地确定一点：我今天讲的内容，对你一定有帮助。

因为这是我过去近 20 年帮助别人做演讲培训所累积的经验的总结，全都是干货。我要把这些技巧传授给你，我能帮助你。

甚至不管我用哪种方式告诉你，哪怕条理不是很清晰，有时候会遗漏，过后再补充，有时候会扯得比较远……无论如何，我知道我要呈现给你的是我近 20 年做培训、帮助别人演讲所累积的经验的总结。我的这些经验对你来说是一份有价值的礼物。

因为心中有这样的笃定，讲话就会变得更从容、更自然、更能考虑根据现场的情况去调整和应对。

礼物心态不仅是应对紧张的方法，也是准备演讲内容时的基本准则。

你需要反复问自己，我今天要送给听众的礼物是什么？我能够为听众做什么？我的演讲内容对听众有用吗？

当你把关注点放在这些地方的时候，不仅紧张情绪会缓解很多，你的演讲内容也会自然而然地成为准备的重点。

还是回到考研面试者自我介绍的案例。他当时要讲的内容很多，但是对老师来说，哪些内容称得上是礼物呢？这是值得思考的地方。

他报考的是传媒和艺术类的研究生，面试官都是传媒界的知名学者，如果学生在某一个更细分的垂直领域有从业经验，可能对老师今后开展研究很有帮助。（注意，一定要站在听众的角度考虑。）

所以他在面试时强调了他在儿童传媒领域有比较丰富的经验这一点。

另外，每一个老师都希望自己的学生能够成才，都希望自己的学生不要给自己丢脸，都希望自己的学生能够重视学习。所以他讲的第二个要点是学习对他很重要，他一向勤奋好学。

面试前他还准备了很多其他素材，比如自己性格实在，得过哪些荣誉，有哪些特长等。事实上，去面试的人或多或少都有自己的特长，但未必是老师真正需要和在意的，所以在选择内容的时候，要讲对别人最有价值的点。

在自我介绍的最后，他才说我叫××，这就是把对别人有价值的东西放在前面。你的名字对别人不重要，你能够为别人做什么才重要。

不管你要进行怎样的演讲，反复问自己，你和你的演讲内容，对别人来说是一份礼物吗？

在你准备演讲内容时，应多检查几次自己准备的内容，对别人没有价值的内容，不妨直接砍掉。

前文也讲过，演讲最大的问题就是准备的内容信息量太大。我们需要做的是，砍掉对别人没价值的信息，保留对别人有用的、可以当作礼物的信息，这会让你的演讲内容和演讲状态焕然一新。

核心观点

在演讲中，避免紧张情绪的一个重要方法是保持“礼物心态”。当你笃定自己的演讲内容对听众是有用的，是可以像礼物一样送给听众的，你的紧张情绪就会缓解。同时，“礼物心态”也是你准备演讲内容的准则之一，你的内容要有礼物一样的价值。

Tips **小贴士**

上面四节内容不仅是指导演讲准备的实际方法，更是演讲者要遵循的基础原则和心态。不仅是准备演讲之术，更是演讲之道，是决定演讲好坏的根本。

有部分读者也许会觉得这些内容有些枯燥，好像只是在讲大道理。我们在演讲实战训练营中发现，很多人学了前面这些内容，未必能马上将其用在实际应用中，但在拿后面这些工具型方法进行刻意练习后，我们就会发现上述四点特别重要。

打比方

打比方，就是用容易明白的甲事物来说明不容易明白的乙事物。因为演讲就是把事情说得更清楚、更明白，所以打比方是演讲常用的方法。

在演讲辅导的实践中，我经常给演讲者提这样一个问题："你的演讲是不是10 岁的小孩都听得懂呢？"如果 10 岁的小孩听不懂你的演讲，那么你不要指望成年听众就一定听得懂。

有人说那不行，我们演讲的内容需要一些专业名词，比如我们有的是医生，有的是程序员，小孩怎么可能听得懂专业名词？

好的演讲，就是能把那些看上去艰涩抽象的专业概念解释得通俗易懂。而且很多时候，让别人不懂的不只是艰涩抽象的专业词汇，甚至有很多你认为大家一定会知道的概念，听众也未必都知道，这就是经常讲到的"知识的诅咒"。

"知识的诅咒"的意思是，我们一旦知道了某事，或者掌握了一些知识，就无法想象这些事情或知识在未知者眼中的样子。因为信息不对等，当我们把自己知道的知识解释给别人的时候，很难把自己知道的内容完完全全给对方解释清楚。就像我们的知识"诅咒"了我们。

"知识的诅咒"在日常的沟通中很常见，尤其是在各种教学及演讲过程中。比如我们请过很多科学家给小学生上课，由于他们习以为常的很多科学词汇对小学生来讲是生僻难懂的，所以他们直接讲课的效果未必好。只有让熟悉小学生认知特点的教师与科学家联合起来设计课程，这个问题才能被解决。

我自己是一个编剧，也是一个演讲教练，我有时候也会犯这样的错误。我经常会顺口说出一些自己专业领域常用的词汇，比如"核心素养""坡道""故事线""人设"等，我认为这些词已经很大众了，以为别人一定知道，但当我讲出来的时候，才发现有人没听懂。所以我们一定要认识到，很多我们认为别人一定知道的概念，别人未必清楚。

多采用打比方的方式就是为了打破这种“诅咒”。

唐代著名诗人白居易写诗有个标准叫作“老妪能懂”。白居易每次写了新诗，就找一个老婆婆，把诗念给她听，问她是否听得懂。老婆婆说“懂了”，白居易才认为自己的诗算达标了。

同样，我觉得现代的演讲，除非是专业性特别强的小众专业论坛，否则都可以用10岁小学生的认知能力作为标准。演讲中的大部分概念和词汇要让10岁的小学生都能听懂，这才算讲明白了。

比如“樊登读书”的讲书产品中，哪怕是很多大部头的、晦涩的书籍，樊登老师讲出来，也能让很多孩子听得津津有味。这就是一个很好的范例。

演讲一定要用听众听得懂的语言，这是对听众的尊重。

有时候这个要求会带来矛盾，越是专业人士越会担心用通俗的语言无法把自己专业领域的内容讲准确，但如果要讲得特别准确，往往又不够通俗。

那么在准确和通俗之间应该如何选择？我的建议是，一定要在听众听得懂的基础上力求准确，否则再准确也无法被听众理解。

也有人说，我的发言没有办法用通俗的语言来表达。事实上，我从未遇到不能用通俗语言表达的专业知识。要么是你对专业知识的理解还不到位，要么是你没有真正站在听众立场上找寻他们能理解的词汇。

正所谓大道至简。越是深刻的道理，越能够用很通俗简明的语言讲清楚。

同样是科学家给小学生讲课，我发现越是顶级的专业人士，越能够打破“知识的诅咒”，使用通俗直白的语言。这是因为他们对知识的理解已经达到了通透的境界。

有一次，我小学三年级的儿子去听一位数学院士讲解微积分。我本没指望他能学到什么，也很怀疑他是否听得懂，就当是去见见科学家，增加一点经历吧。

没想到，我儿子回家后兴冲冲地告诉我说，怎么才能知道一个不规则的炸油饼的面积呢？你需要把它切成一根根细的油条……

我就知道，他学到了！

连微积分都能用“油饼和油条”这样通俗的语言讲出来，让小孩能听懂，还有什么事情讲不明白呢？这就是本节所讲的锦囊——打比方。

演讲中的打比方，就是借用生活中大家普遍熟悉的词语和现象，帮助听众理解可能有认知门槛的信息。

现在还有一个比较“高级”的词汇，叫作“知识迁移”。就是用一个大家已有的知识和概念、技能熟悉的知识和概念，帮助迁移并理解新的、不太熟悉的知识和概念。当你演讲时，往往希望帮助听众建构新的知识和观念，这里的关键是要和他们已有的知识建立关联。怎么建构这种关联呢？用对方熟悉的概念来打比方就是一种直观好用的方式。

我们在实战训练营中会让学员练习把很多新概念用通俗的语言描述出来。比如应如何向大家描述 5G 的特征呢？有人说，如果把现在手机的平均速度比作公交车，5G 时代的 5G 手机就相当于高铁。这样就用人们熟知的公交车、高铁概念解释了陌生的 5G 概念。

打比方还可以用来介绍人物。有时我们在课堂上也需要向孩子介绍一些知名人物，比如苏格拉底。那么苏格拉底是谁？怎么把这个人物给孩子讲清楚？

我们可以说苏格拉底在西方哲学界的地位就相当于孔子在儒家文化中的地位。通过这个比方，苏格拉底的学术地位就被描述得很清楚了。

演讲中的打比方，就是为了把事情说得更明白、更通俗。

我们在实战训练营课堂上经常玩的一个游戏叫作“比画猜”。有时候我们进行公司面试时也会采用这种方式。

在这个游戏中，你会先看到一个词语，你不能说出里面的字，要用更通俗的打比方的方式描述它，最终让别人猜出这个词。这本质上反映的是一种沟通能力，是一种把话说得更简洁、更生动、更明白的能力。

有人问我，现在网上有很多几块钱的课程，到底值不值得给孩子买？对此，我打比方说：“可以参考自己给孩子买食物的时候，你会只给孩子买那些促销打折，甚至是清库存的赠品吗？”

这么一说，对方就明白了。

对于演讲来说，打比方的用处实在是太多了，但再强调一次，一定要用听众熟悉的内容来打比方。

我看过一本法国人写的书，他尝试用400个最简单的、幼儿园小朋友都能听明白的词组，去解释世界上所有复杂的概念。即便是复杂如核电站、卫星、直升机一般的概念，也能用这些词组把概念和原理说明白。

怎么能让自己打比方的能力不断提升？本书设计了练习题目供大家进行有针对性的练习。

在线下课堂，除了练习“比画猜”，我们还会专门练习用打比方来做即兴演讲。

比如就主题“描述一下你对婚姻的感受”进行即兴演讲。

很多人看到这样的题目可能不知道该从何说起。当我们学会使用打比方的方法后就好办多了，你就可以随便拿起手边的东西，谈谈你对婚姻的感受。手边的东西往往是大家都熟悉的东西。

比如拿起一瓶水，你可以说："婚姻就像一杯水，它虽然很平淡，但你一定需要它。"

比如拿起手机，你可以说："婚姻就像一部手机，虽然挺有乐趣，但有时候也很让人烦恼。"

又比如拿起桌上的一张白纸，你可以说："婚姻就像一张白纸，需要双方共同去描绘。"你还可以说："婚姻就像一张白纸，可能会有折痕，但撕碎了就黏不回来了。"或者说："婚姻就像一张白纸，有的人能把它折成纸飞机飞向天空，有的人随意涂抹，最后扔到垃圾堆里。"

把上面带有下划线的部分组合起来，就是一个很棒的即兴演讲，连打三个比方，一段演讲内容就充实了。

我在辅导别人演讲的时候有一个标准，就是把演讲稿完整地读一遍，保证其中让人觉得陌生的词语不超过 3 个，并且一旦出现，就一定要用打比方的方法，把它解释明白。在演讲过程中，我只要察觉台下有人可能听不懂我所说的词语，就会用一个通俗的事物来打个比方，把它解读一下。

打比方，能够迅速提升你语言表达的丰富性和生动性，能够缩短你和听众之间的距离。

核心观点

演讲中一定要避免"知识的诅咒"，你的演讲必须让听众听得懂，而打比方就是一个非常有效的缩短与听众距离的方法，要善用这种方法。

具体化

语言是有效率的。人们总是追求用精练的语言把意思表达清楚，也就是要言简意赅，不要拖泥带水、啰里啰唆。

我们小时候学习语文时，经常练习对内容进行概括、提炼、归纳，比如概括全文主要内容，提炼作者观点，归纳全文中心思想。这固然是极好的思维和语言训练方式，但很多人习惯了这种方式之后，反而生出“过于精练”的问题。

尤其是在对一些重要的演讲内容做准备的过程中，因为演讲时间有限，想讲的内容又很多，很多人会把所谓“啰唆”的话都砍掉，能概括的话尽量概括，结果可能会让演讲像没有叶子的树一样，光秃秃的，不好看。

本节要讲的“具体化”，和打比方一样，也是让演讲内容迅速变得生动的有效方法。

继续借用之前的案例，看看案例行文中有哪些属于具体化的内容。

各位老师好，你们都有孩子，你们的孩子也会有孩子，所以你们一定会关心孩子们平时都接触什么样的传媒产品。

我在儿童传媒这个领域的研究经验还是比较丰富的。我做过导演，编过片子，做过外景主持，扛过摄像机，应该说经验还是比较丰富的。这是我想说的第一点。

我想说的第二点是，我认为学习对我特别重要。我是个中专生，是因为来北京努力求学，才有机会进入电视台工作，也是因为学习新知识，才有机会转行到现在的 ×× 互联网公司。对我来讲，学习就像阳光和雨水一样。

我希望有机会成为在座各位老师的学生。我叫 ××。

一分钟的自我介绍大致只能讲出 200 ~ 300 字，即使在这么少的字数中也要追求有具体化的呈现。比如他说：“各位老师好……我在儿童传媒这个领域的研究经验还是比较丰富的。”

“我做过导演，编过片子，做过外景主持，扛过摄像机”就是对“经验比较丰富”的具体描述。

“我有比较丰富的经验”，这是对自己经历和优势的概括，但如果只说这一句，会显得比较空洞。

对概括内容进行了具体化描述后，哪怕只是增加了几个词组，内容就会显得更加丰富和饱满。具体化的内容能够在听众心中勾勒出画面，让他们迅速代入自己的情境。你甚至可以注意到，这句话中每一个短语都用到了动词，比如他把“做过编辑”具体到“编过片子”；把“做过摄像”具体到“扛过摄像机”，将职业具体化到行为动作时，听众就会在脑海中形成画面感，就会有更强的代入感。

把你想重点表达的内容做出具体的描述，用生动、细致的语言把听众头脑中抽象的概念变为直观的、可想象的对象和画面，这就叫具体化。

在各种知名演讲中，把内容具体化的例子比比皆是。

在电影《至暗时刻》中，丘吉尔在战前需要动员士兵去消灭敌军，他说：“我们要从陆地上消灭他们，从海洋上消灭他们，从天空中消灭他们。”

陆地、海洋、天空，这些是不是废话？“我们要全面地消灭敌军”的说法不更加简洁吗？但是你设想一下，当丘吉尔说“我们要从陆地上消灭他们”，陆军就会想：这是在激励我们；当他说“我们要从海洋上消灭他们”，海军就会想：你看，这是对我们的要求；当他说“我们要从天空中消灭他们”，空军听了也会士气大增。

在上述两个例子中，演讲者都通过具体化和听众建立了连接，让听众觉得演讲者关注了自己。每一位演讲者都可以使用这个方法，前提是你要从听众出发，首先了解听众是什么人，从而在你的演讲中把抽象的“大家”“你们”或“各位听众”换成正在为孩子学习发愁的妈妈、在大城市打拼的小镇青年、刚步入职场不久的小白，或者正在为中年危机而担忧的“职场老人”。

演讲中的具体化就相当于文学中的“细节描写”。这种方式除了能起到让听众感觉被关注的作用，还有一个很重要的作用，就是建立可以想象的画面感。那么具体化到什么程度才算足够？就以是否能让听众轻松地想象出画面为标准。

通常，观念是抽象的，形容词也是抽象的，想让受众感同身受、印象深刻，可以借助画面。

比如“吸烟有害健康”这句话被要求印制在每个烟盒上，但仅仅把这 6 个字印在烟盒上，是缺少视觉冲击力的。如果再扩充一些文字，例如“吸烟可能导致心脏病、心肌梗死、肺气肿、肺癌、胃溃疡、胃癌……”提示作用就更大一点。

国外很多对烟草商管控严格的地区会要求厂商在烟盒上印制一个特别脏、特别黑、看上去很恶心但真实的长期吸烟者的肺，这就是把“有害健康”这件事情清晰地具体化了。研究也表明，采用类似图片对抑制购买香烟有显著成效。

在演讲过程中，PPT 会经常被使用。演讲辅助型 PPT 重图像、少文字，图像的选择标准和具体化的诉求一样，都是为了更直观地呈现演讲内容。后文会对此展开说明。

再比如，《我和我的祖国》这首歌为什么能够人人传唱、人人说它好呢？不仅因为旋律好，还因为歌词也写得好。“我歌唱每一座高山，我歌唱每一条河”，再往下，内容越来越具体，“袅袅炊烟，小小村落，路上一道辙”。你看完歌词，伟大祖国美丽祥和的图景就会深入脑海。爱，包括对祖国的爱，本来是抽象的、概念化的，而好的作品让大家闭上眼睛就能想象出画面，把抽象的事物呈现出来。

你可以回顾一下，印象当中那些表达情绪的精美的诗歌和歌词，大多有具象的承载，作者都采用了具体化或打比方的形式。

《舌尖上的中国》是一个在具体化文本方面做得很好的例子，是一部画面丰富的纪录片，但即使不看画面，只听它的文字描述，你也能够想象出画面。

> 松茸产地的凌晨 3 点，单珍卓玛和妈妈坐着爸爸开的摩托车出发。穿过村庄，母女俩要步行走进 30 公里之外的原始森林。雨让各种野生菌疯长，但每一个藏民都有识别松茸的慧眼。

你看，多美的文字。

> 你看舟山到上海的鲍鱼，珠海到成都的石斑，广西到北京的蔬菜，昆明到新疆的菌类，今天的物流和今人的胃口，大大加快了食材迁徙的速度，路途之上，行色匆匆的，已经不只是人，食物也在传播流转，聚散之间，衍化出不同的形态和风味。

光看台词是不是就已经有画面展现在你的大脑中了，还能勾起食欲？

细节描写在文学中被广泛地用来写人、写物和表达情绪，而在演讲这种有目的的社交沟通中，在何处着墨取决于讲话的对象及演讲的目的。

例如有些创业者或领导者常常需要给员工描绘愿景，告诉他们通过努力工作能从企业或团队中得到什么。通俗地讲，就是给员工“画饼”。有些老板的“饼”画得很抽象，比如他对员工说：“你跟着我好好干，将来一定发展不错，有远大前程。”

这显然不够具体。有的老板会说：“你跟着我好好干，将来一定发展不错，有远大前程，吃穿不愁而且吃香喝辣。”“吃香喝辣”勉强算是具体，但如果你是员工，你脑子里可能只冒出两个字：忽悠。你会觉得老板并没有设身处地考虑你的前程。

作为老板，你还可以这样说：“你跟着我干，我能够让你买房子。”再具体一些，你就可以说：“跟着我干，我保证你五年之内能够在北京的五环附近买个小一居。假设首付几十万，我保证你能挣出来。你还能买到一辆 20 万元左右的中级车。虽然不算豪华，但是也不丢面子。”

你看，这样描述是不是就具体很多？你还可以再具体一些，比如讨论买什么品牌的车，当你这样描绘愿景的时候，员工会感到你实实在在替他考虑了这些问题，而不是在“画饼”。

所以具体化有时候不单是一种语言表达方式，前文讲过，演讲表达的是你的思想和观念，准备演讲的过程本身也是整理自己思想和创造新想法、新观念的过程。

当我们习惯用抽象的概念陈述问题时，对于重要的内容做具体化、细节化梳理的过程，也是帮助自己深入思考的过程。

当然，演讲当中的具体化并不是要具体讲每件事情，而是要把你需要重点描述的观点进行具体化。

因为演讲的时间是有限的，所以你要把那些最重要的事情，以及希望别人想象出来的画面进行具体化处理。

因此，你要在那些你想重点表述的东西上花心思进行具体化处理。

这节内容列举了很多例子来讲述好的演讲是如何具体化的。如果你想呈现一个好的演讲，就要把你准备的演讲稿拿出来，认认真真地读一遍，看看有哪些很重要的观点还没有描述到可以想象出画面的程度。花点时间对它们进行具体化处理。

核心观点

具体化是让你的演讲迅速变得丰富、生动的有效方式。将你要演讲的核心内容、重要观点进行具体化描述，听众可以将抽象的概念转化为直观、可想象的画面。

把“我”换成“你”

演讲是一种社交沟通，既然是沟通，就一定是双向的，虽然你的听众未必会发言，但他们会有不同的反应。

好的演讲，绝不仅有演讲者个人的语言输出，还要有观众的积极互动与反馈，即使这种反馈更多时候是在无声地进行着。

良好的沟通需要靠双方合作来完成，但对于演讲来说，能促成这种“良好合作”的责任主体是演讲者，因此演讲的人要更多地采用“合作型语言”。“合作型语言”最基础的特点就是“多说‘你’，少说‘我’”。

作为演讲教练，我在帮演讲者润色演讲稿时，除了让他多打比方、多进行具体化描述，还有非常直接有效的一招，就是把“我”换成“你”。

你不妨尝试，把自己以前的任意一篇演讲稿拿出来重新审阅，把其中大约2/3的“我”换成“你”，或者至少去掉“我”，这是让整个演讲基调变得更亲切、更抓人的最高效的途径。但这种调整并不简单，有可能需要改变整句话的表达顺序和逻辑。

当然，这不只是文档里简单的查找和替换，你需要动一点脑筋，才能维持原意，但你会惊喜地发现，调整后语言风格已经发生了变化。

举个例子，“我今天带来一款非常好的产品，我来给大家介绍一下。”把这句话中的“我”换成“你”以后，是什么样子呢？

> “你在生活中是否遇到过这样的麻烦？那么你可能缺少一款这样的产品。”感觉有没有不太一样？
>
> “我是卖面膜的，我们的产品是市面上控油、美白效果最好的。”这一句话要怎么换呢？
>
> “你们如果在寻找控油、美白效果最好的面膜，不妨来看看这一款。”
>
> “我要坚定地告诉大家，我的青春我做主。”是不是听着就像青春期的自我？
>
> “你可以坚定地相信自己，你的青春你做主。”
>
> “我想吃披萨了。”我儿子就经常这样想。
>
> “你想不想跟我一起吃美味的披萨？”

为什么把“我”换成“你”是一种合作型语言呢？我们在听别人讲话的时候，如果对方反复强调“我认为”“我觉得”，你会产生什么感受？最直观的感受就是，他讲的跟我没关系，这是一种“自嗨式”的表达。“我”字越多，语言就显得越自我，哪怕不把“我”换成“你”，单纯减少“我”字的数量也能让演讲的风格变得更谦逊。

前文讲过，演讲者要从听众出发，了解听众的需求。我经常在各种论坛和会议中观察听众，观察的最佳角度是会场的最后，只要看看听众席中有多少人的手机屏幕是亮着的，就能大致判断出演讲者的内容有多么自我。

这并不一定意味着演讲的内容不够好或缺少价值，但一定表明演讲者所讲的内容与听众缺少关联。当演讲者讲的内容和听众有关时，不论是好还是坏，他们都愿意认真倾听；当演讲的内容没有这种关系或关系表现得很弱时，就只能依靠听众个体的好奇心和求知欲的力量了。

在演讲中把“我”换成“你”，会让听众觉得你讲的话题和他有关系，这就是关于演讲的合作型语言最浅白的表达技巧，其目的是让人觉得“你讲的和我有关”“你在关心我所关心的事情”。

在前文自我介绍的案例中，他开头就说：“你们都有孩子，你们的孩子也会有孩子……”你如果是考官，每天面对几十、成百的自我介绍者，都在介绍自己的优秀之处，当有面试者提到自己的孩子时，他们的注意力就会被迅速地抓住。他们可能会好奇“你为什么要提孩子”，或者感受到“你在替我考虑事情，你在关心我的生活，我们在一起谈论和处理一件我关心的事情”。

演讲更多地以“你”为主语，尤其是在开头使用“你”，会有更强的互动感，你就可以非常自然顺畅地带出自己想介绍的内容。

“我”不光可以换成“你”，也可以换成“我们”或“咱们”。中国北方方言中，“咱们”包含了谈话的对象，“我们”可能指的是我和其他人的群体，比如当你和大学同学在一起时，说起自己的中学同学，你会说“我们班”“我们学校”，当你说“咱们班”的时候，指的是和大学同学共同的班级。

南方几乎没有这个说法，有的地区甚至都没有“咱们”这个词，都用“我们”来统一指代。

“我们”或者“咱们”指代的可能是不同的人际圈，在演讲中，多用“咱们”（南方就用“我们”），就有一种把对方囊括到你自己的“圈子”里的感觉。

同样作为沟通的一种形式，在谈判课上，我们会讲到谈判的原理。谈判并不是你坐在一边，对手坐在另一边，中间画一条线——楚河汉界，这样的谈判是很难谈成的。

谈判要怎样才能谈成？我们该怎么解决双方的冲突和矛盾？怎么化干戈为合作？谈判的基础原理也是画一条线，但不是你和我各在一边，而是你和我的问题在线的一边，你和我在线的另一边。

强调一下，你和我在一边，问题在另一边，这就是谈判的基础原理和技巧。

谈判是咱们（我们）——我和你一起，去面对共同的问题，而不是我要面对你，你要面对我。演讲中多使用“我们”“咱们”，给听众的感觉是你和对方是同一个战壕的，你是和他们一起来解决问题的。即使对方未必认同你的观点，但他们会在心理上觉得舒服，因为他们认可你是一个合作者。

能让听众感受到合作姿态的，除了语言，还包括现场的布置。比如，演讲台上的桌子。

传统的演讲场地是有讲台的，很多时候是一张桌子。我们小时候，老师都站在讲台后面讲课。现在很多人演讲，也喜欢站在讲台后面，这样能够给人一部分安全感，而且方便放文稿或其他道具。

按照演讲的基础理论，演讲者和听众之间多了一张桌子，其实会造成演讲者和听众之间物理上的间隔，从而拉大心理上的距离。现在很多现代化的教室里，教师所用的桌子都已经挪到了讲台的一侧，仅供老师休息和批改作业时使用，此举就是为了减少教师和学生的隔阂。

横在听众和演讲者之间的那张桌子，会被暗示成为心理上的一条线，而如前文所述，演讲者应该和听众在线的同一边。所以，演讲者最好不要站在桌子后面演讲，你可以站在桌子的侧面，甚至可以走到台下，站在听众面前演讲。

我们回忆起中小学的时光，那些能走到学生面前，甚至坐在课桌上和你拉家常的老师，往往更让人觉得亲切和记忆深刻。

物理距离上的靠近会拉近心理的距离，会让听众觉得“你跟我是一起的”，这种合作姿态是非常有价值的。

一个叫作“不许说不”的小游戏可以帮助你体会“合作型语言”带来的关系变化。

生活中，我们经常说不，尤其在教育孩子的时候。你可能经常告诉孩子多吃点蔬菜，孩子说“不，我不想吃”；孩子想买个玩具，你可能会说“不行”。

那我们来玩“不许说不”的游戏，规定在三天之内，谁都不许说“不”，谁说了“不”就需要接受一个小小的惩罚，比如做一个俯卧撑，或者被弹一次脑门。

这可是一个非常有趣味的游戏！当你不能说“不”的时候，你会把“不”换成什么样的语言呢？比如下面三组对话，若是你，你会换成什么样的说法？

"你必须吃菜花。""不。"

"现在停止打游戏！""不。"

"爸爸，我想晚上十二点再睡觉。""不行。"

……

我跟我儿子也经常玩这个游戏。最开始时，他会语塞，脸都憋红了，然后他就会想办法，后来还形成了口头禅。

"你必须吃菜花。""这个事咱俩商量一下吧。我多吃点土豆怎么样？少吃点菜花。""土豆是很好，有一些营养，但菜花可能更营养，所以我建议你还是多吃一点菜花。"

"现在停止打游戏！""这个事咱俩商量一下吧。""（我还不能说不）你有什么建议呢？"

"爸爸，我想晚上十二点再睡觉。""（我还不能说不行）这么晚睡觉，你是有什么特别重要的事情要做吗？"

强烈建议大家都在家中尝试一下这个"不许说不"的游戏。游戏刚开始时，我估计大多数人都会憋不住，多少都会受到一些惩罚。但是随着你为了不说"不"而开始想办法时，你很快就能体会到一种非常有创造性的心理变化。

当"不"这个表示拒绝、抗拒、抵制和否定的字被禁用以后，交流中的距离感和对立感就会消失。替代"不"的是"商量一下""有没有别的办法""我有个更好的建议"，接在这些词语之后的往往是更亲切和蔼的语言，或是具有创造性和合作性的解决方案。

当然，这只是一个帮你体会"合作型语言"的游戏，并不是不允许你在生活中拒绝别人，该明确拒绝的事情还是要明确拒绝。

通过语言方式的转变，我们可以体会到，语言其实是自己思想观念的外化，当你在语言上限定了不能说“不”，就可以让自己的心态更多地与听众站在同一条线后，去寻求和听众共同的利益。无论你是在传播一个新知，进行一次推销演讲，还是试图用新的观念影响听众，你们都不是相对立的，而是可以合作的。

核心观点

演讲者和听众不是对立的，而应该站在同一边。多用“你”“咱们”“我们”这样的“合作型语言”，能有效缩短演讲者与听众之间的距离，减少对立感，让演讲变得更亲切、更抓人。

节奏感

节奏这个词一般被用在音乐上，但我们也可以借用日常对音乐的认知，来学习和理解演讲中的节奏。

请读下面这段话：

> 节奏是由什么构成的呢？
>
> 注意下面这句话，节奏就是由重复、强调、停顿构成的。
>
> 重复、强调、停顿构成了节奏。

上面这段话通过重复形成了强调，在准备文稿时，换行往往也意味着停顿。

一首流行歌曲的副歌部分一般都要重复几遍。我印象最深刻的是《死了都要爱》这首歌，其中“死了都要爱”这句词多次重复，意在强调。音乐是这样，讲话也是这样。

以前形容一个人朗诵得好，会说他“抑扬顿挫”，这重点在形容发声。其实对演讲者来说，“抑扬顿挫”是每个人都可以掌握的，这里说的演讲的节奏感更偏于内容，而不仅仅指发声。

演讲的节奏和音乐类似，也有这样三个要素：重复、强调、停顿。

回到前文自我介绍的例子。

各位老师好，你们都有孩子，你们的孩子也会有孩子，所以你们一定会关心孩子们平时都接触什么样的传媒产品。

我在儿童传媒这个领域的研究经验还是比较丰富的。我做过导演，编过片子，做过外景主持，扛过摄像机，应该说经验还是比较丰富的。这是我想说的第一点。

我想说的第二点是，我认为学习对我特别重要。我是个中专生，是因为来北京努力求学，才有机会进入电视台工作，也是因为学习新知识，才有机会转行到现在的 ×× 互联网公司。对我来讲，学习就像阳光和雨水一样。

我希望有机会成为在座各位老师的学生。我叫 ××。

这段自我介绍只有不到一分钟的时间。即使在这样分秒必争的环境里，讲话内容也保留了重复和前后呼应的部分。

“我在儿童传媒这个领域的研究经验还是比较丰富的……应该说经验还是比较丰富的。”

这不是啰唆，这是有意的重复，也是强调。

“这是我想说的第一点。我想说的第二点是……”

这是废话吗？不是。它就像一个文档中的数字标识，是为了在听众心中建立结构和次序。准备演讲的一种常见的误区就是把所谓的“干货内容”高密度地排布，而忽视了对重点内容的强调，忽视了在听众心中建立结构和次序，结果就有可能使信息积压，听众的脑子“消化不良”。

而恰恰是那些看上去是“废话”的内容，构成了前后呼应，给听众留出了思考和理解的时间，帮助他们找到你讲话的重点。

重复、强调、停顿构成了你演讲的节奏。哪怕在很短的时间里，重要的事情也要多说几遍。

关于节奏，可以用一些标点符号来帮助我们记忆。标点符号，其实就是一种情绪的表达，比如问号、感叹号、文字下面的着重号，等等。

“我想讲的第一点是什么？这是我想讲的第一点。”一个问号，起到了停顿的作用，引发听众的思考，使接下来的陈述有头有尾，前后呼应。

你可以用问号和感叹号来表示强调，在准备演讲稿时，把这些符号标记在内容上。

重复的目的是强调重要的事情。你完全可以将演讲的核心观点或你真正想让对方了解的点，在开头讲一遍，在中间讲一遍，在结尾再讲一遍，甚至还要换着花样地讲。

“表达”就是话从你的嘴巴说出来，被别人的耳朵听进去的过程，你“表”出来的内容，有多少能够“达”到别人的脑子里？这从来都不是百分之百的。你千万不要认为，只要是自己讲过的内容，别人就能记住。

除了内容上的节奏，心理也是有节奏的。很多人上台前和初上台时都会紧张，心“怦怦”地跳，那就是心跳的节奏快。这种节奏有时候还会表现在肢体上，比如手和腿发抖，说话声音发颤。怎么让这种紧张的节奏变得舒缓一点呢？

你感到特别紧张时，完全可以把自己的紧张说出来。你的手在抖，声音在颤，你不说别人也看得见、听得见。如果你还试图掩饰，你只会更加紧张。把紧张说出来，在表达技巧里面叫作“拔刺”。

拔刺，通常说的是，在沟通中，如果心有芥蒂，或者存在自己想遮掩的地方，一开始就把它说出来、拎出来、拔出来。

你甚至可以把你为什么紧张、担心都说出来。拔刺，也是一种演讲技巧，拔刺可以帮你把心理的节奏舒缓下来，让你自己更舒服，也让别人更舒服。

节奏对于讲话、优秀的演讲，重要到什么程度呢？我们从那些优秀的语言类节目中就可以看出，当语言能够上升为一种艺术时，表演的好坏很大程度取决于节奏。

同一段相声，不同的人讲，效果大相径庭。专业水平高的人讲出来，也许会很有意思；若换成其他人，可能就索然无味。差别在哪？内容都是一样的，“包袱”也都是一样的，“抖包袱”的位置也是一样的，差别就在于对节奏感和语气的把握。

如何才能把握好演讲的节奏呢？一个重要的原则就是自己写演讲稿。

自己创作出来的内容，自己讲才有感觉。用别人写的演讲稿，容易出事儿。别人写的稿子，自己背得再熟，节奏也可能不对。

在我过去做演讲辅导的过程中，有过多次代写演讲稿的经历，代写者演讲时，大家都拍案叫绝，可换成演讲者自己讲时却黯然失色。这都是真实的教训。

所以重要场合的演讲，本人一定要亲自参与演讲稿的创作。

准备演讲稿可以有教练或其他人帮忙辅导，但节奏必须是自己能够掌握的，并且需要根据演讲现场的情况做出调整，无论是内容上的调整，还是心理上的调整。

演唱会为什么好看，为什么比在家里听 CD 更有氛围？因为有互动，有不同的节奏，而这种节奏只存在于现场。歌手可以停顿下来和台下的观众进行互动；情绪所致，可以把高潮部分重复唱几遍；歌手可以带着全场听众高声齐唱……

演讲中的节奏和演唱会的节奏有着异曲同工之处。

有一种传统的关于应对紧张的方法——把下面的听众当作白菜。这个观点是错误的。

听众是需要互动的，即使他们不说话，他们的思路、眼神也是在跟着你转动的，也是需要和你有交流的。你不能把他们当白菜，你要时刻想着如何和他们互动。而这个互动就是现场的节奏，所有发言，只要不是照着稿子念，都算即兴演讲，就是因为你需要根据现场的情况做节奏上的调整。

核心观点

本节我们借助音乐的概念阐述了演讲的节奏。节奏很重要，甚至可以上升到艺术的高度。对于不是艺术家的普通人，该如何处理节奏呢？

记住，节奏由停顿、重复、强调构成。把握这三个词来处理你的演讲。在该停顿的地方画一个逗号，句子太长就拆成短句子。当你画一个逗号的时候，就意味着要停顿一下；当你画两个句号的时候，就意味着可以多停一会儿，让别人想一想。

在需要强调的地方画上感叹号或着重号，语气可以重一些。用符号来标注你的演讲稿，来标注自己在哪些地方应该有情绪变化和节奏的控制。

当然，节奏感是需要练习的。但是首先要保证一点，你的演讲稿是你自己写的。

讲故事

关于什么是讲故事，每个人的理解不一样。有人说，故事就是过去的事情；有人说，故事就是小说，小说就是故事；也有人说，有一本很有名的杂志叫《故事会》，里面全是故事。

《人类简史》的作者甚至认为，人类文化的传承，有一半的功劳属于故事。

人们的很多观念都是通过一个个故事习得的。比如我们小时候看了关云长、岳飞的故事，就知道人要忠义；比如我们看了赵子龙的故事，就知道有颜值也要有实力；比如我们看了白雪公主的童话故事，就懂得了善与恶。

故事是很好的教材，因为它很容易让人懂，很容易让人产生代入感。我现在做的一门青少年课程叫“小豆伴电影学堂”，就是借助电影这种最好的故事载体，用故事给孩子们讲道理。

在我们的演讲训练营中，也经常以电影中的素材片段做范例，学员们一看就能懂。

作为一个曾经的职业编剧，作为写剧本的人，我们对故事的定义是什么呢？

著名剧作家罗伯特·麦基（Robert Mckee）在他最有名的著作《故事》中阐述了故事创作的核心原理。他说，故事就是有意味的变化。

故事就是有意味的变化，这说明故事首先要有变化，这个变化有它自身的含义、意义或趣味，可以引发人的情绪共振和思考。

时间、空间、人物、心理，总有一样得变，否则就不能叫故事。

“小明早上去上学，上了一天课，回到家里吃饭、睡觉、写作业。”语句中的人物行为的确有变化，但这些变化没有意味，既没有意义，也没有趣味，十分平淡。

好的记叙文是什么样子的？小学语文老师会这样指导：今天在学校里发生了一件什么样的事情，它让我成长了……记叙文就是最简单的故事，它也需要有意味的变化。

在演讲中，有时候要纯粹地讲故事，有时需要在发表观点时引用一些故事。有了故事，演讲才有血肉。很多演讲者对讲故事有顾虑，主要是出于这两个原因，一是担心讲不好，二是担心时间不够。

在演讲中讲一个故事需要花费多长时间呢？你可千万不要觉得故事都是长篇小说，最短的故事 3 秒就可以讲完。在网上搜索“最短故事”或者“最短小说”，你能看到几百个可以在 3 秒内讲完的故事。

在我们反复引用的自我介绍的案例中，他在 1 分钟内有没有讲出故事呢？

> 我是个中专生，是因为来北京努力求学，才有机会进入电视台工作。

短短一句话，就讲出了一个“传奇”故事。

如果有人问你什么是故事？你可以用专业编剧的定义来回答他：故事就是有意味的变化。

本书并不是在教授编剧技巧，但我们可以借用编剧中那些最简单、最直接、一学就会的招数，来提高我们的演讲水平。

这一节和下一节会分别介绍两个讲故事的入门级方法。即使你不是职业编剧，也可以在演讲中轻松地学习和运用它。事实上，在我们的训练营中，每一位学员都可以通过半天的训练，掌握让故事出彩的方法。

一个好的故事，结构上讲究“起、承、转、合”。

作为入门级的演讲者，你首先需要掌握一个字，就是“起”。万事开头难，头起好了，不仅有彩头，后面也容易顺承。

当你讲一个故事的时候，你可以用“今天天气晴朗，万里无云”起头，也可以用“这是一个月黑风高的夜晚”开头，后面这一句听着更像一个故事的开头。

所以“起”一定意味着“要出事了”。演讲的时候有一个经验，当你想讲一个故事时，需要在五句话，最好三句话之内就能“出事”。

举个例子，“早上我起床，然后刷牙洗脸，接着下楼吃早饭，吃完早饭，我开车去公司”，几句话里，什么事都没有发生，这就不叫“起”。

但如果这几句话如下，故事的意味就会发生变化。

> 我早上起床，发现枕边有一摊血……（出事了）
>
> 我早餐吃完豆腐脑，才发现自己没有带钱……（出事了）
>
> 我急匆匆开车去公司，追尾了……（出事了）

> 我到了公司才发现手机落在了家里，而今天可能有一个很重要的电话……（出事了）

看，变化就一定得有一个“出事了”的开头，否则生活四平八稳，跟大家想象的日常没有区别，它就不是一个变化发生的环境。

变化还可能是意外，可能是外界给你的冲击，可能是一个打着问号的悬念，也可能是突如其来的压力。意外、冲突、悬念、压力，这其实是讲故事的四个要素，下一节会讲到。

“起”之后是“承”，就是要让故事继续往后发展。压力在持续，冲突在持续，然后中间还要出现一次转折、意外，也就是“转”。

还是沿用前面的例子。

> 早上我去上班，忘了带手机，就跟丢了魂一样……（看，感觉要出事了。）
>
> 接着是“承”。中午急匆匆地赶回家，发现有 30 多个未接来电，全都是孩子的班主任老师打来的，我心里一沉。（你看，顺承地就出事了。）
>
> 我赶紧拨过去，班主任老师说：“你做家长的干吗去了？北京大学免试招生，看上你家孩子了，问你们家长的意见，你电话不接！”（开始“转”了。）
>
> 心里的一块石头落了地，天大的好事落到自己头上，当然好了。我挂了电话，想想自己做父母那么多年，在孩子培养这件事情上，终于可以长舒一口气，精力没有白费。

“精力没有白费”，最后这些话不只是表示这件事结束了，而是把这件事和别的事“合”起来，是升华，是价值的迁移，是感受。

古代人作诗讲究“转要变化，合要渊永”，就是这个意思。

通过上面这个例子，我想告诉大家怎么讲好一个故事。本节介绍的是一个最基础、最简单的小招数。哪怕“起、承、转、合”四个字中的三个字都做不到，把第一个字记牢就好。开头五句话，最好三句话之内就“出事”，这个故事就不会太差。

现实中，我听过很多演讲者讲故事，开头往往做了十几分钟的铺陈还没“出事”，听众很容易不耐烦。我相信你作为听众也经常会有这种感受。记住这一条，这种情况就会大有改观。

冲突、意外、悬念、压力

故事要呈现有意味的变化。初学讲故事的演讲者可以对故事有一个更通俗的理解：故事中要有事故。

如何衡量一个“事故”是听众爱听的呢？好的故事有没有标准？有没有一把“尺子”帮助创作者衡量故事的好坏？

在我作为编剧创作故事时，每次新建一个空白文档，都会在文档的最上面先敲下四个词语：冲突、意外、悬念、压力。这是通俗易懂、不用太多解释的词语，这就是四把衡量故事好坏的最基础的“尺子”。

冲突、意外、悬念、压力，这四个要素是一个好故事应有的一般性特征，是规律。事实上，你回顾任何一个优秀的故事，无论是小说、戏剧还是电影，你都能感知到它们。

我每次创作都把这四个词语写在文档的顶部，就是用来不断提醒自己，并用它们检视反思写出来的内容。如果这四个要素一个都不具备，这个故事一定索然无味。如果具备了两三个，这个故事就算及格。如果故事中冲突、意外、悬念、压力四个要素全都有了，那么你的故事一定在 80 分以上。

四个要素都具备了才在 80 分以上？为什么不是 90 分以上、100 分呢？因为创作本身，包括讲故事，要到达一定的高度都要包含艺术的成分，很多时候要靠创作者的灵感甚至天赋、故事素材本身的质感，以及讲述者的节奏，顶峰不是单纯靠技巧就能到达的。但技巧确实可以帮助一个基础还不错的创作者轻松达到一个还不错的水准。如同工业生产线上的质检流程，这四个要素就像四把检测的尺子，可以确保“故事”产品的基础质量。

冲突

冲突，就是能够产生对抗、对峙的行为或心理，是矛盾的呈现。

故事创作者，比如编剧们，通常认为冲突是故事的本质，是一个“事儿”能成为“故事”的必要条件。无冲突，没故事。

冲突可以是群体之间的，小到公司竞争，大到星际大战；冲突可能很血腥，就如战争，也可能很文明，比如职场角力；冲突可以是双方的，比如发生在夫妻、父子、上下级之间，还可以是多方的，比如宫斗戏。冲突也未必都和他人有关，自己内心的纠结和矛盾，也是冲突的常态。

冲突并不只在影视剧中出现，在每个人的生活中，处处皆是冲突的土壤。

- 一个家庭主妇既要照顾家庭生活，又要照顾孩子学习……
- 一个父亲既要忙于事业，又要关注家庭关系……

- 工作中两位领导的意见不一致，不知道该听谁的……
- 马上要毕业了，是选择考研还是选择工作……

前面讲到，故事是有意味的变化。那么冲突就是推动和完成变化的动力。俗话说“看热闹不嫌事大”，这个“事”往往指冲突。听众很容易被故事中的冲突带入角色，想象自己如果是冲突中的一方会怎么做。

所以，当你打算在演讲中讲一个故事的时候，可以想一下：故事中有冲突吗？冲突的对立双方是谁？冲突的起因是什么？冲突的过程是怎么样的？为什么要表现这个冲突？冲突带给听众的心理反馈和预期是什么？

> 在分享自己的教育理念之前，我想坦白一件事。我来这里之前刚和我 15 岁的孩子发生了非常激烈的争吵。就因为一件衣服，我吼了他，他不愿意和我说话。此刻，我的心里非常内疚、后悔和矛盾……

在这个简短的故事中，我们可以感受到三层冲突。第一层冲突是演讲者和孩子因为对服装的观点不同发生了争吵；第二层冲突是演讲者自己内心的冲突，他作为一个教育理念的分享者，却没有处理好自己的亲子关系，导致他感到内疚和后悔；第三层冲突是演讲者角色和父亲角色的冲突，演讲者角色本该调整情绪，为演讲做好准备，但他却在父亲角色中刚发完火，还没有从上一段情绪中走出来。

在案例中，演讲者是在做关于“教育理念”的分享，听众最可能是孩子家长。通过讲述多层次的冲突，呈现亲子关系中日常的矛盾和烦恼，把听众带入如下的思维路径：

“喔，看来他也遇到过和我一样的烦恼……”

“我倒想听听，他打算怎么面对和解决……”

听众与演讲者有了共情，对后续内容建立了期待，这些都是有冲突的故事在演讲中的作用。

意外

没有想到的事情发生，就是意外。

“起、承、转、合”中的“转”，指的就是意外。

重要的是，所谓预期之外，指的不是讲述者的预期，而是受众的预期，是受众根据通常的生活认知和逻辑推理，自然建立的对事件发展进程的想象。

如果普通观众能完全猜到一部影视剧的剧情，那么这部影视剧也就没什么可看的了。所以编剧在创作故事时，必须考虑让故事的走向突破观众的预期，至少是局部突破观众的预期。为此要考虑多个选择，并且有意识地把最常规的、人们能想到的头两个选项摒弃，在合理范围内选择大家不容易想到的选项。

在经典电影结构中，要出现好几个“意外”，甚至意外出现的时间节奏都已经形成规律。一部 120 分钟的电影，到 60 分钟左右的时候，通常主人公表面上已经通过努力实现了自己的目标。但这是“伪成功”，接下来往往有一次大的意外，让主人公跌落谷底，面临更大的挑战。

比如在影片《疯狂动物城》中，弱小的兔子朱迪致力于当警察，故事发展到一半时，她破案、获奖，貌似已经成功。但紧接着意外发生了，她发现原来看上去温顺善良的羊市长才是幕后真凶，背后隐藏着巨大的阴谋……

在影片《肖申克的救赎》中，主人公安迪最初入狱时饱受摧残，但他通过帮狱警做会计，惩罚了坏人，团结了朋友，甚至重建了图书馆，在影片时长过半之时，主人公的处境似乎已经到达了安稳的状态。但紧接着他找到了自己被冤枉的人证，紧接着人证被监狱长谋杀……更多的“意外”一个接一个出现。

不只是电影故事，在大众喜闻乐见的喜剧、相声、小品等表演艺术作品中，所有笑点被制造的过程，都是突破预期的过程。

为什么突破预期才有可能引人发笑？这就像“挠痒痒”一样，如果你提前告诉被挠的人“三秒以后，我会挠你痒”，大概率你挠他的时候他不会觉得痒，或者痒的程度大大降低。因为你的行为在他预期之内。没有意外，也就没有笑声。

我们在演讲中讲故事，如何衡量其中是否有意外呢？事实上，就是要评估听众能不能猜到剧情。你可以把自己当作一个听众，对故事后续的发展做出下意识的判断。如果后续内容没有落入“第一选择”和“第二选择”，就可以算是意外了。

悬念

制造悬念，古已有之，不是新招。以前在街头卖艺的江湖艺人表演前先画一个圈，所谓撂地摆摊，然后开口说：“各位乡亲！昨天南城的钱宅，被人偷了五百两黄金，据说是江湖大侠要杀富济贫，你们知道是谁干的吗？知道这黄金去哪儿了吗？”

围观的人想：“哇，好刺激，几百两黄金，去哪儿了呢？”

“去哪儿了呢？我倒是知道点眉目，待会演完了接着跟你们说。”然后，江湖艺人就开始表演了。大家还惦记金子在哪儿，于是就顺承着继续看表演了。

在行话里，这叫“拴马桩”，“拴”字非常形象，拴的是谁？拴的是听众，这也是给观众抛出了悬念。

等到表演结束，开头的悬念是不是真的需要解开，已经不那么重要了，对于表演者，表演已经结束；而听众可能也在观赏表演的过程中忘却了自己刚才的那份好奇心。

我们在演讲中营造的悬念，放在开头是为了激发听众继续听讲的愿望，放在结尾是“且听下回分解”的意思，往往是为了激发听众后续的行动意愿。

压力

为什么故事中要有压力？压力是给谁的？

讲到压力，就要讲人物。有个流行的词叫“人设”，这本是编剧行业的专业词语，意思是人物设定，包括一个人物的来龙去脉、性格特点、处世方式、外在呈现及该人物与其他人的关系。

我们演讲的时候，也需要表达自己或故事的主人公等不同人物的特点。比如我们在很多社交场合需要自我介绍，或者是用简短的语言引荐别人，我们希望呈现自己或自己引荐的人的某些特点，以求在别人心中留下某种印象，这其实都是呈现人物设定的过程。

为什么在讲到压力的时候，要提到人物设定呢？因为作为编剧，要表现人物特点就需要呈现他在压力之下的选择。

一个人在压力之下做出的选择，才能真正体现他的品质。

我们在介绍一个人的时候，那些容易被别人记住的特点，往往来自压力之下的选择。

　　他曾经卖房创业……

他辞去了“金饭碗”的工作……

她选择一个人带两个孩子……

为什么好的故事中一定要有压力？这个压力指的是对人物的压力，“真金不怕火炼”“沧海横流方显英雄本色”，有了压力，才能表现更深层的人物特点。

核心观点

冲突、意外、悬念、压力——我把这称为创作故事的四要素模型。

这个模型通俗易懂、浅显易学，而且特别好用。但我们也应该知道，学者们对创作故事的研究已经进行了上千年，指导故事创作的模型，还有很多种。

但无论哪种故事创作方法，都是基于对人性、对认知过程、对情绪变化的最底层的体会。

人喜欢听的、喜欢看的，往往是与自己有关的、真实的、能听懂的、能想象出来的。其实这些正对应着本书所述的演讲技巧和原则：要从听众出发、不说假话、多打比方、具体化。

具体到讲故事，还是从受众的心理出发。人们有这样的共同特点：喜欢看热闹，喜欢新鲜事，喜欢看“倒霉”事，喜欢看答案。热闹、新鲜、倒霉、答案，我们转用更严谨的文学词汇来描述就是冲突、意外、悬念、压力。

开个好头

万事开头难。这一节就来破除这个“魔咒”，介绍在演讲中能迅速开个好头的技巧和方法。

演讲开头的那一两分钟甚至一二十秒的时间，是吸引观众的最有效的时刻。从观众的意识层面来讲，这是他参与程度最高的时刻。如果演讲的开头没有引起观众的兴趣，那么他们在后续的演讲过程中也很容易分神。

另外，在很多演讲场合，现场听众对你是不了解、不熟悉的，他们在听演讲时往往带有防备心理。所以优秀的演讲者都会设法尽快与听众建立联系，解除他们的防备心，吸引他们的注意力，以建立彼此的信任感。

演讲的结构

《高效演讲》一书中以打比方的方式，对演讲结构做出了清晰而实用的描述。

作者把开头比为“坡道”，就像滑雪的时候要先上一个坡道。在开头部分，你需要带着听众一起上“坡道”，然后再带着他们一起顺势借助力量滑下来，滑到演讲的主体部分。

主体的正文部分被称为“发现”，意思是演讲者要追求的感觉，演讲者的任务不是单纯地展示，而是带领听众，启发他们，让他们有“哇，我知道了”“哇，我又发现了”的感觉。

作者将结尾部分比作“饭后冰淇淋”，叫作“甜点”，给人一种很欣喜的感觉。这就构成了演讲的基础结构：坡道—发现—甜点。

有时候演讲比较长，需要加入目录，目录被称为“地图”，就像我们参加一个旅游团，导游会告诉游客第一站去哪儿，第二站去哪儿，这样游客才会对后面的行程心中有数，才能做到心中不慌。

目录放在演讲结构中的哪个位置合适呢？通常，PPT 的第一页是封面，第二页就是目录。但我建议你做 PPT 时，不要将目录放在第二页，而是先讲一些有趣的亮点，待大家进入状态后，再介绍目录。就像你在安排旅行路线，或者在报名旅行团的时候，导游不会一开始就直接拿着地图告诉你路线，而是先给你展示旅途中的精彩亮点，你只有被这些细节的亮点吸引，才会对具体的行程安排感兴趣。

与文学创作不同，演讲过程中还经常会安排观众提问环节。观众提问环节应该放在哪个部分？是在结尾部分的“甜点”之前，还是之后？

大家通常在演讲结束后请观众提问，提问结束后主持人宣布散场。

但这是个误区。提问环节最好不要作为演讲活动的最后环节。最后的环节应该进行点题，让演讲者强调演讲目标，给观众送出实惠的“甜点”，最后归结到号召行动。

观众提问环节，应该放在演讲最后总结的前面。否则你演讲的核心观点、你最希望听众记住和关心的话题，可能就因为观众的提问而消散。因为演讲结尾的质量取决于听众提出的最后一个问题的质量，若不巧这个问题比较棘手，那么演讲最后可能就被带偏了。

这就像一部很棒的电影却有一个烂结尾一样。所以请记住演讲的结构：坡道—地图—发现—提问—甜点。

开头的误区

关于开头，你要避免以下几个误区。

第一个误区，过分强调自己的名字，并说一些听上去虚伪的客套话。我们经常听见这样的发言："大家好，我是某某，今天见到大家非常开心，也很荣幸跟大家一起学习分享，希望我们能共同学习、共同进步，以后多多交流……"

这些话饱含谦虚和敬意，乍一听没毛病，每一句都光明、正确，给听众的感受虽然不坏，但是讲多了，会让人感觉像一块湿毛巾，一拧全是水，缺少实在的话，却不落地，反而有一种俗套感。

第二个误区，有人喜欢说类似这样的话："我相信你们都听过 ××""我相信你们都知道 ×× 一书"。演讲中要少用"我相信"这三个字。一旦带上这三个字，那么这句话的潜台词就是"你们应该知道这件事儿，如果谁暴露了自己不知道，就显得自己孤陋寡闻、知识层次低"。

我估计你在听别人演讲时，当听到"大家一定都知道""众所周知"时，也会有这样的感受。所以这样的开场使你在听众面前呈现一种比较强势的"我在高处""我更有优越感"的姿态，而这种姿态会让你与听众之间产生距离感，甚至会让听众形成抵触情绪。

第三个误区，以讲笑话开头。有些人喜欢在演讲开头时用讲笑话来拉动气氛，效果也非常好。但为什么我们不建议使用这一方法呢？因为，万一你的笑话带动不了气氛，会很尴尬。现在是网络社会，碎片化信息传播很快，如果你讲的笑话是在网上看到的，很可能这个笑话非但起不到活跃气氛的作用，反而会让人担心你后面讲的内容没有新意。

那若是原创的笑话段子呢？你需要知道，《吐槽大会》、脱口秀里那些你听到让人哈哈笑的段子，可能经过了很多次现场打磨和练习，才最终变成一个很奏效的笑话，因此，讲原创段子可不是一件容易的事情。关键是，如果你讲的原创笑话没人笑，会很难收场。

如果你实在要讲笑话，讲了别人又没笑，就要记住：自己不要笑，把它当成一段陈述轻轻带过去。

不要指望你的笑话有结果，更不能把你后续的演讲建立在这个笑话的好结果之上，这样做是非常危险的。

如何用提问开头

用提问作为开头可以引发听众的互动和思考，设置悬念，这当然是一种好的方式。但也常有演讲者“搞砸了”的时候，听众没反应、冷场或者出现尴尬的情形，都时有发生。如何提问，其中大有讲究。

- 如何设置问题？
- 什么问题算好问题？
- 设问好还是疑问好？
- 封闭式问题好还是开放式问题好？
- 是否指望听众回答？

如果用提问作为开场，不要指望一定有听众回答。

跟讲笑话一样，如果你的问题有人回答，你的演讲才能继续进行，这对演讲而言是非常有风险的事情。

听众是否回答你的问题，既跟问题的设计有关，也跟现场的情绪氛围、场地环境等很多因素有关。听众要打破现场氛围，做出语言或行动的回应，是需要一点勇气的。这个门槛越低越好，对他们回应的设计最好是轻松、简单的。

作为演讲者，你最保险的预期是即便没有人回答，你也可以继续下去。

提问时采用开放式问题好，还是封闭式问题好？所谓封闭式问题，就是答案只有少数的选项，通常只需要回答“是”或“否”，或者答案非常明确，不用经过太多思考。比如,“今天你吃饭了吗”“作业做完了吗”，这就是封闭式问题。

同样是吃饭和做作业，开放式问题的形式是“你喜欢吃什么样的东西”“你的作业完成情况如何”。

封闭式问题具有一定压迫性，但回答简单，往往不用过多思考；而开放式问题显得更有亲和力，回答反馈需要思考，而且回答的方式可以多样化。

如果一定要用问题作演讲的开场，并期待听众和你产生互动，我的建议是，最好设置一个问题组—— 一个封闭式问题加上开放式问题。

问题一：“今天大家吃饭了吗？吃了饭的请举手，没吃的请摇头。”

对听众而言，这个问题没有风险，听众不用思考，而且不用他们出声说话，只需要用沉默的行动表达，大概率会有很多听众回应你的提问。

问题二：“吃了的和没吃的，都可以想想，自己平常最爱吃的菜，有什么特点。”

这是一个开放式问题，不要指望别人回答。别人能轻松回答的，一定是不用思考很久的、答案选项较明确的问题。

有互动更好，但无论有没有听众互动，你都可以按自己的演讲设计进入后续内容：“据行为学家的调查，不同地域的人，对菜的味道有不同的偏好……”

这个示例说明两点。

第一，在演讲中，尤其在演讲的开头进行提问，最主要的作用不是获得一个或多个问答，而是引发听众的思考，为后续的演讲内容做好铺垫；

第二，问题的提出需要从易到难，从不用思考到需要略深的思考。

互动，就像你带着听众运动一样，需要从热身开始，一步步来。

三种简单好用的开头方式

1. 用“你”开头

“你们都有孩子，你们的孩子还会有孩子……”这段反复引用的自我介绍的范例，就是用“你”来开头。你越了解听众，就越能从听众关心的事情里找到与他们相关联的好开头。

> 你们知道最近发生了一件什么事情吗？
>
> 发生了什么新闻，你听说了吗？
>
> 你们觉得今天天气怎么样，是不是很糟糕？
>
> 你们都是坐车来的？

就如同上面这些例子，所谓与听众相关，未必都是“你有孩子”这样的强关联，你们共同知道的新闻、共同所处的环境，都是和听众相关的，哪怕只是泛关联也可以，重点是和听众建立联系。

2. 震撼开头

用令人震撼的内容开头，通常可以非常有效地抓住听众的注意力，或者创设悬念。

> 刚才，就在门口，发生了一起车祸。

数字通常会起到令人震撼的作用，古人就很擅长用数字进行描述：“飞流直下三千尺，疑是银河落九天。”我有一次做关于“培养孩子的阅读习惯”的演讲。开场的第 1 页的 PPT 只写了个大大的数字——1000 万。我还没讲时，就有好多人注意到了这个数字，并开始猜测 1000 万是什么意思。是挣 1000 万元吗？等我开始讲时，就可以从这个数字开始说：1000 万字，阅读 1000 万字，这是北京市一个小学生要达到的标准……这就是用数字开头起到的震撼作用。

3. 以故事开头

讲故事，是不错的演讲开头方式。就如上文所讲，你最好在前三句话就“出事”。

有一个通过讲故事开头的方式，叫作“坦白”。就是一上台就向大家坦白一件事情，多半是相对私密的事情。人人都有好奇心，这是用“坦白”吸引听众的一个心理基础。

TED 演讲，演讲者一上台就说“我要向大家坦白一件事情”，通过坦白、承认一件事情来吸引别人的注意。

核心观点

好的演讲，可以用“你”来开头，直接谈及听众感兴趣的事物；可以用“提问”触发听众的思考，可以用“震撼内容”引起听众的好奇，可以用“故事”调动听众的情感。总之，演讲是要建立和听众的连接。

文无定法，除了这几种推荐的方式，你还尽可以创造各种有趣、有料的和听众连接的方式。我的搭档五顿老师，是线下所有课程的总教练，有一次，他给一群“90 后”听众介绍《城南旧事》这本书时，就是直接开唱：“长亭外，古道边，芳草碧连天……”这首歌正是《城南旧事》这部电影的主题曲《送别》。

幽默感

怎么让自己变得幽默、有趣？

通常什么样的人会让别人觉得幽默和有趣？

你脑海中或许闪现一些生活中你觉得有趣的朋友、同学，或者闪现某些喜剧明星的形象……

我得告诉你，关于幽默、有趣的“人设”的真相，不是聪明或笨、严肃或搞怪，而是“有缺点”。

这里的“缺点”并不是一个贬义词，因为事实上，世界上没有完美的人。也许你有自己的偶像，你认为他是相对比较完美的人，但大部分时候，我们也未必首先用幽默和有趣来形容他。

人恰恰是因为有“缺点”，才变得可爱、有趣，让人觉得容易亲近。

而且那些幽默、有趣的人，都不吝于向外界承认他们的“缺点”，甚至会以此为乐，并且也不太介意别人以此为乐。

当你发现成为一个幽默、有趣的人需要大方展现甚至取笑自己的“缺点”时，你现在还确定自己想成为一个幽默、有趣的人吗？

你可能会想，不被别人“取笑”，我就不能显得幽默、有趣了吗？传说中的谈笑风生，我就不可以吗？我难道不能对别人、对我之外的事情插科打诨，风趣点评了吗？

坦白地说，基本上没有办法。

一方面，我们不得不承认很多人是天生具有幽默感的，或者说，是他们的生活环境和成长经历造就了他们的幽默感。另一方面，很多刻意幽默可能是白费的，甚至可能让人觉得“怪异”“做作”“被冒犯”或“不合适”。

多与有趣的人在一起，你确实可能变得更有趣，因为彼此互动沟通的“尺度”更灵活，创意灵感也会激荡迸发。我原来在喜剧创作团队里，遇到的好玩的事儿确实比别的圈子要多。

每个人都有幽默、有趣的时候，就像每个人或多或少都有引起别人“笑”的经历。所以不用觉得幽默是一把尺子。很多时候，不是你不幽默，而是你对你的幽默缺乏观察和体会。当别人喜欢你时，当你更受欢迎时，你的幽默感自然会提升。

人是因为幽默受欢迎，还是因为受欢迎而变得更幽默？显然两者都有，但更应该清楚的是，受欢迎的本质原因是自己的友善、真诚、热情。如果为了受欢迎而刻意表现幽默，有时候会适得其反；而当你更注重自己的友善、真诚和热情时，你的朋友就会越来越多，自然有更多愿意发现、体会你的幽默的“眼睛”。

那么，有没有一套类似喜剧创作方法的技巧，来帮助我们变得幽默呢？当然有。

我以前在《谢天谢地你来啦》和《喜乐街》节目当主编、编剧，带领团队写了几百个喜剧故事。我们分析拆解了很多喜剧、小品，整理出了“喜剧创作的 100 种方法”，作为创作的支持工具。

我还给刚入行的大学生开设过喜剧编剧方面的课程，每次碰到不够好玩的剧本，我们就像整容医生一样，用这些工具来对它们进行改造。

这些方法听起来不难。《吐槽大会》让好多人知道了“谐音梗”，知道了“打破原有预期”，还有很多创作方法，比如“让他的肢体受限”“让人处在夹缝当中”“让一个主人公变成‘笨蛋’”“让他面临两难的选择”，这都是喜剧的套路。但即便如此，在生活中你和我接触或听我讲课，也未必会觉得我是一个有趣的人。

即便你掌握了方法，能够创作出好的喜剧作品，能在舞台上给万千观众带来欢乐，但在生活中你仍然未必是个幽默的人。

有没有什么一学就会、一练就有效的招数，能让自己马上变幽默呢？

这是有答案的，这个答案关乎我们对“笑”这件事情本质的认知。喜剧和幽默到底是什么？那些让人笑的特质，到底是从哪里来的？

鲁迅先生说，喜剧就是把那些没有价值的东西撕碎了给人看。这句话真是精辟至极！但对一件事情的“价值”的判断，每个群体、个人，尺度可能都是不一样的。

所以喜剧和悲剧从来不是绝对的。我们生活当中常有这样的事，你会发现有的人，有些玩笑，是不能开的。就拿样貌来说，有的人觉得“胖”“黑”“矮”无所谓，有的人就比较忌讳。他会觉得“你怎么能这么说我”，他会生气，因为你触碰了那一块不能被撕碎的价值。

相声舞台上的尺度通常比较大，经常有“伦理哏”。这在相声舞台上无伤大雅，只是一个博人一笑的表演，因为彼此能接受。但后来有一次，在一个面向公众的晚会上，一位相声演员对一个明星家庭的儿子开玩笑说“我才是你爸爸”，当时孩子一家明显十分尴尬。某种表达方法放在另外一个圈子里，可能就会让人觉得这种做法是不正常、不道德的。

“玩笑开大了”这样的事情，生活中每天都在发生，所以在喜剧和悲剧之间未必有一个清晰的界限。

了解了喜剧的本质，了解到价值的尺度对每个人是不一样的，再回到“演讲怎么才能幽默点”这个问题，我唯一能提供给你的实用的招数，不是开别人的玩笑，更不是讲别人的笑话，而是学会自嘲，让自己觉得特有价值的东西能够变得少一点，让自己那些能够被别人评论的东西变得多一点。

我小时候，谁说我个子矮、说我胖我就不高兴，而现在我对这些事情无所谓了，更注重的是身体健康，所以现在我谈起健康的时候严肃以待，谈起样貌的时候也可以肆无忌惮、谈笑风生，这是因为样貌的价值在我看来没有那么大了，所以我能拿它自嘲、开玩笑了。

同样，你的人生里面有没有一些曾经让你觉得很难堪、难以承受的事情，今天回过头去看其实都可以谈笑？比如你可能曾经喜欢一个男生或者女生，曾经有一段自认为绝不能失去的恋情，而现在回过头去看那个时候的事情，却觉得很可笑。当年那可能是一段甜蜜的经历，哪怕结局并不圆满，现在却可以笑谈，当你用这种态度去看待这个问题的时候，就是它对你的价值变得没有那么大的时候，喜剧才会因此诞生。

但是注意，你只能拿自己的“缺陷”开玩笑，不能拿别人的“缺陷”来开玩笑。同样是摔断胳膊，自己摔断了可以取笑自己，我嘲笑了自己，别人也知道我不在意这件事情，知道这是可以开的玩笑，大家彼此开玩笑，关系会更好玩、更亲密；陌生人摔断了胳膊，你去嘲笑他，会显得太冒失，如果是残障人士，就更不能去取笑。

所以安全的边界一定是从自己的身上找幽默、找乐子。

总而言之，取笑别人不如取笑自己。

本章小结

让我们回顾一下，这一章都讲到了哪些知识点和演讲技巧。

（1）从听众出发

从听众出发，了解听众是需要做功课的，你可以制作一张听众清单。你掌握听众的信息越多，就越容易建立演讲的对象感，越容易“抓住”听众。

（2）为目标服务

你希望听众做什么，就是演讲的目标。在演讲中最好把目标说出来；要以听众或“你”为主语；目标拆解得越细致越好。

（3）不说假话

说假话会让你感到紧张、忐忑、失去自信，也失去了直面困境的机会。说假话和识别假话都是人的天性。在演讲的时候，坦然才能更自然。

（4）礼物心态

当你笃定自己的演讲内容对听众是有用的，是可以像礼物一样送给听众的，那么你的紧张情绪就会减弱。同时，要做好一场演讲，你的内容就要有礼物一样的价值。

（5）打比方

打比方是一个非常有效的缩短与听众的距离的方法。需要注意的是，一定要用别人熟悉的东西来打比方。

（6）具体化

具体化是让你的演讲迅速变得丰富生动的有效方式，将演讲中的核心观点、重要观点进行具体化描述，可以帮助听众把抽象的概念转化为直观、可想象的画面。

（7）把“我”换成“你”

演讲者和听众不应该是对立的双方，而应该是站在同一边的，多用“你”“咱们”“我们”这样的“合作型语言”，能有效缩短演讲者和听众之间的距离，减少对立感。

（8）节奏感

演讲节奏的三个要素：重复、强调、停顿。节奏感是需要练习的。前提是，你的演讲稿是你自己写的。

（9）讲故事

故事需要“起、承、转、合”，“起”一定是“出事了”。演讲时如果你想讲一个故事，最好在三句话之内就能“出事”。

（10）冲突、意外、悬念、压力

冲突、意外、悬念、压力。这四个词语通俗易懂，不用做太多解释，是四把衡量故事好坏的最基础的“尺子”。

（11）开个好头

三种简单好用的开头方式：用“你”开头、震撼开头、以故事开头。

（12）幽默感

“喜剧就是把那些没有价值的东西撕碎给人看。”但取笑别人不如取笑自己。想在演讲里表现出幽默，最安全和实用的招数是学会自嘲。

在这一章中，以一段一分钟的自我介绍为例，说明演讲技巧是可以综合运用的。面对一段听上去很好的自我介绍，你懂得了门道，就能看出其中运用了七八个技巧。

技巧不在于掌握得多，而在于用起来是不是得心应手。有的学员就是“一招鲜”，每次都用同一个方法，将一个方法用到了高超的程度，其演讲也是有特色的。所谓“文无定法”，只要我们注重听众的感受，注重给他们带去的价值就好。

传统的演讲偏重于大型的舞台，偏重于朗诵，偏重于对紧张心理的抗拒式的克服，加上一些成功学的观念歧路，所以会有一些治标不治本的训练方式：比如站在大马路上跟陌生人搭讪，去公交车上大声说话，像主持人一样训练形体和发音、刻意的手势和姿态……

现在，我们对演讲的认知升级了，知道了演讲是服务于生活的，它是有目的的社交沟通，要真实真诚，要注重向听众交付价值，因此自然就有了更多新的理念指导下的练习方法。

04

CHAPTER

第四章

18个实用演讲练习

“学而时习之，不亦说乎。”

“习”字的古形，是“羽 + 日”，表示鸟在日光下练习飞行。演讲跟游泳、开车这些技能一样，在学到基本方法后，要通过练习把它们内化到大脑中。

本章提供了 18 个能迅速提升演讲能力的练习，可以与前文所述的演讲技巧配合使用。

你可以自己练习，也可以和同事、家人一起学习，互相点评。

PEEP——最简单的观点表达公式

练习

用 PEEP 的模式来表述你对下面问题看法，也就是你的观点（三选一）。

- □ 给孩子报课外辅导班是件好事还是坏事？
- □ 建议同事们一起吃健康午餐。
- □ 婚姻是爱情的坟墓吗？

解读

最简单的观点表达公式，叫 PEEP，简单实用，两分钟就可以学会。

P 就是 Point，即观点。就像我们小时候写作文一样，要开门见山，在开头就把你的观点先说出来，告诉大家。你要先表明你的态度、你的观点、你的看法。

第一个 E 是 Explanation，即解释。你要具体解释一下，你为什么有这个观点。

第二个 E 是 Example，即例子。我们常说，事实胜于雄辩，说再多天花乱坠的大道理，不如拿出一个事实来。所以你要举个例子，来证明你上一步的解释。

最后一个 P 还是指观点，和第一个 P 的意思一样。同样的观点需要重复，或者换个说法再强调一遍。就像写作文，开门见山，结尾再次点题，首尾呼应。

这就是 PEEP，把观点、解释、例子、观点的内容连起来，就是清晰表达观点的一个基本模式。

PEEP 这个观点表达公式在生活中用得太多了。

● 用 PEEP 表达自己的看法

比如，介绍演讲的作用。

P：学好演讲对生活帮助很大。

E：生活中有很多需要公开讲话的场合，我们都希望自己能表现得更好。

E：比如工作汇报、公司接待、产品宣讲、参加社交活动，都需要用到演讲这项技能。

P：所以应该好好学学演讲。

● 用 PEEP 描述一个东西

比如，请介绍一下你的家乡。

P：我的家乡是湖北，是一个很适合生活的地方。

E：那里有湖有河，物产丰富。

E：河流有长江，湖泊有洞庭湖，盛产稻米和各种淡水鱼。

P：所以湖北很适合人们居住生活。

● 用 PEEP 表达愿望

比如，孩子希望打一会儿游戏。

P：我觉得我现在跟同学打 15 分钟游戏对我接下来专注学习会有帮助。

E：因为适当放松，有助于学习。

E：我那个同学某某某，就是成绩特好的那个，他也会放松。我们平常上课，课间也会放松休息嘛。

P：所以我觉得，打一会儿游戏对接下来专注学习有帮助。

案例 4–1　建议同事们一起吃健康午餐

天气慢慢开始变热了，“露肉”的季节来了，身材管理再不做起来就来不及了，今天中午咱们一起去楼下的轻食馆去吃饭吧？（P）

多吃蔬菜可以控制脂肪的摄入量，这样可以帮助我们平衡自己的体脂率，也可以让心脑血管系统得到恢复。（E）

去年我吃了一个月轻食，饮食均衡，膳食合理，那段时间身体状况非常好。（E）

怎么样，今天开始一起去吃轻食吧。（P）

案例 4-2　给孩子报课外辅导班是件好事还是坏事

给孩子报课外辅导班是件好事。（P）

每个孩子都有自己的特点，根据孩子的特点合理选择适合的课外辅导班，有利于发掘孩子在某一方面的天赋。（E）

小明喜欢音乐，但是爸爸就是不给他报音乐类的辅导班，这让小明很痛苦。小虎喜欢画画，爸爸给他报了绘画类的辅导班，这让小虎明白自己在绘画上是有天赋的。（E）

所以我觉得有选择地给孩子报课外辅导班是件好事。（P）

点评

实际使用 PEEP 这个框架时，也可以把两个“E”交换位置，既可以先解释再举例子，也可以先举例子再做解释。

这个公式可以帮助大家养成发表观点的基本素养，因为其涵盖了“有效论证”的基础元素，即论点、论据、逻辑。

列出听众清单

练习

设想一个你即将去发表演讲的场景（最好是真实的），回答“听众清单”上的问题。

解读

这个练习对提高演讲水平至关重要，“听众清单”的有关内容请参看上一章“从听众出发”一节，你可以借鉴这一听众清单，也可以在此基础上设计新的问题。

案例 4-3　电子产品经销商会议、展会、答谢会议听众清单填写

（1）他们是谁？

回答：全国各地的经销商。

（2）人数多少？

回答：30 人左右。

（3）年龄分布如何？

回答：25～40 岁。

（4）职业分布如何？

回答：全部是经销商。

（5）学历和受教育程度如何？

回答：高中、大专、大学、研究生。

（6）他们接受教育的特点是怎样的？

回答：大多毕业于普通学校。

（7）他们的收入状况如何？

回答：年收入 30 万～300 万元。

（8）他们的家庭状况如何？

回答：2/3 已婚。

（9）有孩子吗？孩子年龄多大？

回答：已婚的大多有一两个孩子，在 1～15 岁之间。

（10）他们来这里有什么诉求？

回答：了解新产品，了解厂家后续发展计划，了解行业发展趋势。

（11）他们都是什么民族？

回答：汉族。

（12）他们的座位是怎么分布的？

回答：圆桌，会后在饭店吃饭。

（13）有他们的名单吗？

回答：有。

（14）谁组织他们来的？

回答：厂家。

（15）他们彼此是朋友吗？相识的人多吗？

回答：有朋友，大部分是认识的。

（16）他们有哪些共同点？

回答：都是经销商。

（17）他们还有哪些共同点？（至少列举 5 条）

回答：①都是自己开公司的；②很多是夫妻店；③公司人数大多在 10 人以内；④年销售额大多在 300 万元左右；⑤基本都是同一个行业的。

（18）有什么他们都知道的新闻？

回答：①都知道摄像机的芯片是谁提供的；②大多知道行业发展趋势；③基本知道摄像机的组装流程；④基本知道摄像机的电源不稳定。

（19）他们普遍关心哪些事？

回答：他们普遍关心该品牌的发展动态，他们关心行业巨头是否会涉足他们经销的商品。

（20）他们中间有我认识的或者认识我的人吗？

回答：有一半左右的人认识我，我也认识他们。

（21）我讲的哪些事情可能会与他们有关联？

回答：①我讲的行业发展趋势和他们都有关联；②我讲的产品特色和他们都有关联。

（22）我讲的哪些事情可能会对他们有帮助？

回答：我讲的技术特色、行业发展趋势及区域联合对他们有帮助。

（23）我讲的哪些事情可能与他们没关系？

回答：我的发展方向及我的公司管理与他们没关系。

（24）他们的性格是怎样的？

回答：爽快、矜持、活泼、宽容、不妥协、善良、敏感。

（25）你的重点互动对象是怎样的？

回答：有趣、幽默、灵活、有互动能力。

点评

听众清单中的信息可能会对演讲产生影响。

比如听众有 30 人，演讲的地点是在餐厅的圆桌旁，这可能意味着：

- 时间不能过长；
- 你可能需要站在两个圆桌中间靠墙的位置，才能兼顾所有人；
- 大家面前都摆着食物，如果不能用更强的凝聚力把大家聚焦在你的讲话上，听众就可能被食物分散注意。

又比如听众大部分有孩子，也有很多是夫妻共同创业开店，这些信息有助于你在讲话时更多地关注他们的需求，比如孩子的教育成长。作为一个答谢会，无论物质的礼物还是语言的激励，都可以。

从听众清单的答案中，我们很容易找出听众感兴趣的内容，或者与他们紧密相关的内容，来作为演讲的开头。

同时这也让你对演讲的场景有了足够的预设。

梳理演讲目标

练习

在以下三个场景中任选一个，用 3 ~ 5 分钟做准备，做一段 1 分钟的即兴演讲，说明自己的演讲目标。

- □ 在相亲派对上，谈一谈你的婚恋观。
- □ 说服别人加入你的公司。
- □ 在公司动员大会上，对员工做一次激励演讲。

练习目标包括两方面。

- 关注听众：他们是谁，他们想听什么，他们为什么要听你讲。
- 你能带给听众的价值是什么？你的演讲目标是什么？

解读

演讲有多种不同层次的目标：让别人获得新知、让别人做出决定，或者让别人有所行动。

演讲是有目的的社交沟通，如果自己的目的都不明确，演讲很容易变成抒情、倾诉或评论。

案例 4–4　说服师范大学学生加入我们公司

他们最关心的：一是收入，二是经验成长。

为什么选我们公司？

我们有教育专业人士设计的课程，有电影课、演讲课、辩论课；目前已经与 3 所小学建立了稳定的合作关系，线下有 60 多名学员；进公司后经过培训，可以积累与孩子交流的经验，提升自己的表达能力；我们提供 3000 元底薪，为职工缴纳社保、医保，如果能招生，还有奖金。

点评

这里有一个常见的误区。在我们描述演讲目标的时候，主语应该是“我”还是听你演讲的受众呢？哪个更好一点呢？

在通常情况下，演讲目标的主语应该是听众，是他们采取某种行动、做某个决定，或者获得某种新知。而在本案例中，演讲者设定的目标是说服对方加入我们公司，主语是“我”，或者“我们”。因此，你可以对演讲目标做如下调整。

- 让听众采取行动：有志于教育事业的大学生们听完我的演讲，愿意主动投简历并且加我的微信约面试。
- 让听众做出决定：听众愿意把我的公司信息分享给其他同学。
- 让听众获得新知：听众体会到一家新锐的教育公司的理念。

目标明确有两个好处：一是你可以把目标说出来，引导听众的行动；二是你讲的内容都将围绕目标。当目标描述的主语是听众时，你才真正把演讲对听众的价值放在了首位。

1 分钟自我介绍

练习

设想一个自己要做自我介绍的场景，做一段 1 分钟自我介绍。要求至少使用本书介绍的两个演讲方法。

解读

整理自我介绍，其实是梳理自己的过程。面对不同的人群和不同的场景，你可能有不同的自我介绍方式。

1 分钟虽然很短，却几乎可以使用本书讲解的所有演讲方法。

在 1 分钟的时间里，讲话字数为 200 ~ 300 字，从准备的角度讲，200 字就足够了。

案例 4–5　去甲方公司做工程项目洽谈

您好，王总，我是沈文兵。我是 ×× 公司的项目经理沈文兵。王总，您应该需要一个专业能力很强的合作伙伴吧？我本人呢，在咱们安防行业，已经干了 15 年了。我在公司里参与过大小上百个项目，其中典型的有 ××××、×××× 等单位的安防工程项目，我从普通技术人员做到项目工程师，再做到现在的项目经理。

随着公司的发展，我也在不断地成长，我们公司的理念就是客户至上。在 ×××× 项目中，为了能够按时完成交付，我们曾经 72 小时不休息。当完成甲方验收的那一刻，我们团队都兴奋地欢呼起来，然后都坐在地上靠着墙睡着了。相信您也希望有这样一个团队为您服务。希望咱们这次能合作成功。也谢谢您给我们这次竞标的机会。

案例 4-6 “即兴演讲”招生招商会

3 年前，我结束了 4 年的全职妈妈生活。那 4 年我的世界虽然小，但很幸福。

改变我的是女儿上幼儿园后的第一次家长会。老师让家长们做自我介绍，内容很简单，姓名、职业、爱好。我被第一个叫上去做自我介绍。我特别紧张，脸发烫、腿发抖，我说了自己的姓名，职业是全职妈妈，说到爱好的时候，我脱口而出的是“带孩子”，下面哄堂大笑。我不记得自己是怎么走回座位的。

我听了其他家长的自我介绍，他们的爱好有看电影、读书、听音乐、旅游，这些曾经也是我的爱好。为何我站到台上，脑子里一片空白？我回到家后开始找工作，我发现好像没有任何工作适合我，感觉自己与社会脱节了，我很焦虑，直到从“樊登读书”App 里看到“即兴演讲”的招募活动，我毫不犹豫地报了名，后来我又报了教练班。我现在已经开始授课，有了稳定的收入。

我是用一年半的时间因演讲蜕变的全职妈妈演讲教练！我可以做到，你也可以。

点评

- 目标清晰：给听众留下“专业”和“客户至上”的印象。
- 讲了“72 小时不休息、甲方验收成功后兴奋然后迅速睡着”的好故事。
- 用到了具体化的方式，描述自己的专业经验。
- “您应该……”这样的句式略显绝对，可以换成更友好的“我猜……”“您可能……”
- 目标很清晰：听众感受到演讲教练带来的帮助，有了解和参与的兴趣。

- 第一次家长会的场景描写得很具体。
- 讲了自己的故事，有压力、有悬念。
- 超时。

打比方练习

练习

从以下题目中任选一个，使用打比方的方式，做一段 1 分钟即兴演讲。

- □ 解释你所在行业的一个专有名词给老人听。
- □ 介绍一下你公司的主打产品。
- □ 说说你的婚恋观。
- □ 说说你眼中的自己和别人眼中的你。

解读

孔子说，辞达而已矣。

用听众熟悉的事物来打比方去解释复杂的事情，就是一种“达”。学会打比方可以让演讲内容通俗易懂，让听众一听就明白，这是对听众的尊重。尤其在专业人士向非专业人士开展的演讲中、在专业性较强的演讲中，可以经常使用打比方的方式。

在准备演讲的过程中，要经常回顾自己使用的词句有没有听众可能听不太懂的地方。不仅要自己问自己，最好也问问听众，尤其要注意那些“知识的诅咒”，就是那些你以为别人知道，但其实别人不知道的信息。

你们可能在演讲中说过类似这样的话："众所周知……""你们一定知道……""咱们都读过一本书"，我建议少用这些语句，因为很难判断听众是否真的"众所周知""一定知道""读过这本书"。如果他们不知道，他们就不配听你的演讲了吗？虽然这并不是你的本意，却会让听众产生这样的心理感受。

案例 4-7　说说你的婚恋观

婚姻啊，就像一杯水。人们渴望恋爱、结婚，就像你干渴的时候渴望喝水一样。但是长时间只喝白开水，你会觉得单调，婚姻也是如此，所以你会在水中加入茶叶、果汁、糖，等等，就像我们的生活也需要不同的味道和色彩一样。任何味道的饮料，如果你喝多了，也还是会有觉得腻的时候。我们的婚姻生活也一样，不管你增加了多少不同形式的东西，最后，你都会觉得平淡。最终，你会发现，还是白开水最解渴。

点评

这是一段非常好的演讲。我们在课堂练习时，无论什么样的题目，都可以用手边的物件（比如一杯水）来打比方，迅速准备一段好的演讲。

其实很简单，只要找出它们共同的特质，将其表述出来就好了。

案例 4-8　解释一个行业的专有名词给老人听

您不是一直问我们公司是做什么的吗？我们公司是做塑料的，咱现在用的很多东西都是塑料做的，塑料分很多种类，加工方法也不尽相同。

我们现在产品卖得最多的一个行当就是注塑行业。注塑是什么呢？其实就是一种工艺加工方法。机器里有一个模具，把加热并融化的塑料灌进去，就变成一个我们想要的形状，比如牙刷呀、塑料盆碗什么的。这就好

> 像你给我们做饭的时候，活鱼要用蒸的，青菜要用炒的，有些鸡呀肉呀要用炖的……不同的食物要用不同的做菜方法。
>
> 这个注塑呀，就是塑料加工的一种方法。

点评

我猜要解释的名词是“注塑”。

用奶奶熟悉的家庭生活，尤其是用做饭来打比方的思路是很好的。但用做菜有不同的方法来类比，准确吗？

厨房里还有什么跟“模具”“形状”类似的东西呢？各种形状的冻冰棍或冰块的盒子？煎鸡蛋的小模具？能捏出不同形状的饺子机？用这些来打比方是不是更贴切？

具体化练习

练习

用一段话把下面这些情境描述成可以想象的画面，要有“既视感”。

- 自己的第一次表白。
- 客户面对我们的产品时的表现。
- 找一段有既视感的歌词。

解读

相对于图形和画面，语言是一种偏抽象的表达方式，是对现实世界的“编码和解码”。如果我们在演讲时能运用更浅白和具体的“编码”，尤其是用“编码”描述出可想象的画面时，听众就能够更快地“解码”。

案例 4–9　自己的第一次表白

1986年9月的某一天中午，一个文质彬彬、戴着金丝眼镜的白面书生，羞涩地轻轻走进我的办公室，拿出藏在背后的红、黄、白三朵玫瑰花，对我说：“送给你，做我的女朋友，可以吗？”

点评

挺好！

有一个建议。

“1986年9月的某一天中午”的表述太抽象了，将之换成“35年前的秋天，一个有太阳的下午”，是不是更好一点？

演讲中，“某”字是具体化的敌人，是典型的抽象语言。演讲中除了某些具体情境，最好不要用“某”字。一般用“某”的，是特指但不便说出来的情境，例如，某些人上班迟到（工作场合）。

案例 4–10　客户面对我们的产品时的表现

面对我们整体形象打造的服务产品时，客户的心理活动是：两眼放光，心向往之，尽量掩饰，不动声色；或者是两眼放光，心在歌唱。

案例 4-11　找一段有即视感的歌词

一条大河波浪宽，风吹稻花香两岸，我家就在岸上住，听惯了艄公的号子，看惯了船上的白帆。

开头练习

练习

尝试运用开头小技巧，练习如何在演讲的开头吸引听众注意力。

在以下两个题目中选一个，做一段演讲的开场。

- □ 给朋友推荐一部电视剧或综艺节目。
- □ 提议同事们一起报名学习“即兴演讲训练营”课程。

时间：40 秒。字数：200 字以内。

解读

参看第三章开头。

案例 4-12　提议同事们一起报名学习“即兴演讲训练营”课程

嘿，我们公司最近对外沟通的项目好多呀！你们有没有觉得，和客户沟通其实挺难的？

我前段时间看了一些表达类的书，但是光知道知识好像也不太行，你们有什么主意吗？

我有位朋友是央视《世界听我说》节目的演讲教练，他推荐我去“即兴演讲训练营”试试。通过现场上台演练，我们可以试试自己掌握了多少技能，而且还能交到各行各业的朋友，说不定对工作也有帮助，你们有兴趣和我一起报名吗？

点评

从与听众相关的事情开始，由浅入深地提问，然后提出解决方案，这是一个不错的开头。

书面语修改练习

练习

找一篇优秀的中学生议论文习作，把它改成口语化的演讲稿，体会书面语和口语表达对象感的差别。

解读

书面语追求准确、含蓄、庄重、典雅，语法严谨、正式，结构复杂，句子偏长。

而口语往往追求通俗明白、形象生动、语法简单、非正式，短句多。

有很多词语，在书面表达时很常见，在口头表达时，我们却很少这么说。以下是几个例子。

书面语	与	于是	父亲 母亲	即	下方	均	将	较	如您 所述	一元 五角	依然	丝毫
口头语	和	然后	爸妈	就是	下面	都	把	更	按你 说的	一块五	还是	一 点儿

在演讲中还是尽量采用口语化表达，也就是说，要多采用口语化的词汇，尽量少用长句、多用短句。

有时候，为了口语化，我们还要调整句子的前后表达顺序，甚至做更大的调整，而不只是在书面做字词的小改动。进行口语化的方法在前面提过：用语音转文字的方式念出来。你要假想自己面前坐着观众，你们是在用日常交流的方式对话，而不是在念一篇稿子。

以下三段话是分别用书面语、书面方式表达、语音转文字方式改动的版本，你不妨都念出来，感受一下。

原文：书面语	音乐家贝多芬大家都耳熟能详。失聪好像注定了他一生都是失败的。对一个音乐家来说，听觉就是命根。原是演奏指挥的他，因听不见音乐而让一场音乐会变成了噪声污染，全场众议纷纷。面对失败，他曾沉沦，但最后他选择了坚强。也正因为他的坚强，他把失败转变成了惊人的绝唱，不仅取得了灿烂的音乐造诣，也到达了自己心灵的顶峰。
口语化调整：书面方式表达	音乐家贝多芬大家都知道。在他失聪之后，注定他一生要失败。对于一个音乐家来说，听觉是很重要的。他以前是指挥，因为听不到音乐，把音乐会变成了噪声污染，全场都在吐槽。面对失败他很消沉，但是最后他还是挺了过来。因为坚强，他把失败变成了转折，到达了一个新的高度。
口语化调整：语音转文字方式表达	有个大家很熟悉的音乐家，叫贝多芬，在他失聪，也就是听不见以后，他的音乐生涯，看上去是注定要失败的。因为对于音乐家来讲，听觉就是命根子。他原来是当指挥的，因为听不到音乐，一场音乐会就变成像噪声一样的……

案例 4–13　劝导青年人坚持梦想

原文

当今的青年人易骄易躁，不能把自己的梦想付诸行动并坚持下去，许多人的信念意识有待提高。不劳而获的侥幸心理需要得到批评并改正，只有抱定坚定不移的信念并做出持之以恒的行动才能得到自己所期望的结果，实现自己的人生梦想。常言道，水滴石穿，绳锯木断。虽然世间的一切不可能都会在无限的坚持中化为可能，但是不论梦想的前方有多大的阻力，我们都要迎难而上、永不言败，用行动与信念证明我们自己的价值。

口语化修改

现在的年轻人容易焦躁，情绪不稳，什么都不想干，没有耐心，很多人做事的决心也要提高，不劳动还想占有劳动成果，这种心理是不对的，要改。做事有决心，才可能得到你想要的，实现你想要的。人们常说，功夫不负有心人，不管你想做的事有多难，你都要迎难而上，干就行了。

点评

我也试着用自己的风格完成了这个作业。除了口语化词汇，我还加入一些重复和强调。用眼睛阅读这些文字时，你可能会觉得啰唆，但演讲时就变得通俗了。

现在的青年人呐，是易骄易躁，容易骄傲，容易急躁，经常不能把自己的梦想变成行动，而且坚持不下去。在很多人的信念里头，他的意识都是有待提高的，往往会有不劳而获的侥幸心理，这种心理必须得到批评和改正。

我们要知道，只有抱定非常坚定的、坚定不移的信念，加上持之以恒的行动，才能够得到自己所想要的结果，实现自己的人生梦想。有一句话说，水滴石穿，绳锯木断，世界上几乎所有不可能的事情都可以在无限的坚持中变成可能。

所以不管梦想的前方有多大的阻力，我们都要迎难而上，永不言败，用行动和信念来证明我们的价值。

脱口秀与自嘲练习

练习

尝试写一段 1 分钟的包含自嘲内容的脱口秀讲稿。素材最好来自你真实的生活记录。

解读

还记得怎么让自己在演讲中变得更幽默吗？拿自己“开刀”！

经常有人问我，演讲和脱口秀是一回事吗？

我认为，脱口秀和相声等舞台形式一样，属于喜剧，主要的目的就是博人一乐，高级一些的，会以讽刺的方式引起听众的深度共鸣。它更多的是遵从喜剧的创作规律，是一种艺术表演。既然是艺术表演，好的脱口秀就不容易复制。你听一段脱口秀，能记下来很多内容吗？不能。记下了回去讲给别人听，别人会乐吗？很难。

而演讲是生活和工作的需要，追求的是信息的价值，要追求真实。演讲的目标就是传递新知，影响人们的决定和行动。

好的演讲，能够帮助听众建立新观念，而且让他们回去以后还能很方便地讲给别人听。虽然有的演讲有一定的高度，普通人难以企及，但通常来讲，演讲只是一种传递信息的技术。

但毫无疑问，只要是口语表达，甚至不只是口语表达，各种学问之间，都有可以互相迁移和借鉴的地方。我也鼓励演讲教练和学员多去学学脱口秀、相声、表演、朗诵、文学、编剧等，技多不压身，而且还能兼收并蓄。

案例 4–14 我的“悲剧”人生

我觉得我的人生对于我自己来说是个悲剧，但对于大家来说是个喜剧。

我从出生到现在，我的母亲、我的爷爷、我的爸爸总共丢了我 5 次。

具体举例一下，在我 4 岁的时候，我跟我的母亲从西安坐飞机去昆明。我说我要上厕所，妈妈说：“你是男子汉了，你要自己去男厕所。”

于是我勇敢地独自走了进去，但上完厕所之后，发现我妈不见了。那时候我先是面无表情但内心非常委屈，很快“哇”的一声就哭出来了。

还好我当时聪明，找到了机场的服务台。就听服务人员说：“李坤鹏的妈妈，李坤鹏的妈妈，请听到广播后速到广播台来领取你的儿子李坤鹏。”

这时我的母亲正在心大地逛免税店，所以说我觉得，我的人生就是一个笑话（My Life is a Joke.）。

另外，相信大家很少听到，有的人“脑子被门夹了”的真实案例，我就是那个案例，而肇事者就是我爸妈。脑子被门夹了的感觉，真的很上头。

同时，大家可能没有体验过以抛物线起飞而脸着地的经历。有一次，我骑平衡车想要耍帅漂移，但是那个车紧急制动了，我就如同一个被抛出去的火箭，在空中画了一个完美的抛物线，最后脸着地。一起来，汗水和血水沾满了我的整个脸。

一抬头，我的父母看到我的样子之后，他们俩只说了一句话："让你小子耍酷。"然后他们就哈哈大笑，甚至笑到蹲在地上拍地。

这时候我的汗水和血水中又多了泪水，但是我沉默不语，自己洗好脸之后走回了家。我父母甚至说："要不要给你再续十分钟，再多玩一会儿。"我冷漠地拒绝了，最后一字一句说："晚安啦，爸爸妈妈。"

观点陈述练习——多角度连接词

练习

要求用这 6 个词：因为、因此、只要、虽然、如果、同样，针对以下话题陈述自己的观点。

- 选一条今天"微博热搜"上的消息，说说你对它的看法。
- 说说社会上对乞讨者的看法。

解读

你对于一个事物的观点是否包含了多元的认知？除了讲出观点形成的原因，你是否也对自己的观点有所质疑？你的思维是否还顾及它的内涵、外延？你是否考虑了这个观点的适用边界？

这 6 个连接词，其实是思维的关键词，或者是一个思维的框架，用它们来造句，你可以思考和表达更多元的内容。对这 6 个连接词的使用没有前后顺序，重在体验它们对思维方向的指引。

案例 4–15　说说社会上对乞讨者的看法

因为乞讨者这个群体鱼龙混杂，其中有真正存在困难的人，也有以此谋利的人，因此社会上对乞讨者的态度也两极分化。

有的人对乞讨者富有同情心，虽然明知道其中可能有“骗子”，但只要遇到乞讨者，他们还是会不吝相助。

面对乞讨者带来的一系列问题，如果我们能优化对贫困人群的援助系统，普通人就不再需要半信半疑地帮助他们了。

同样，网络募捐的行为中也充斥着很多“骗局”。要解决这一问题，平台需要对这一情况采取系统性管理，而不是过度消耗普通人的爱心。

点评

很棒！

还可以继续拓展的地方是，“虽然”和“只要”还可以用在更深的思考方向上。可以用提问的方式提示。

虽然社会上对乞讨者的态度两极分化，但大家有没有什么共同的认知呢？

只要优化了对贫困人群的援助系统，普通人就可以不再将信将疑了吗？

故事练习：出事了

练习

运用“出事了”，讲一个你亲身经历的真实故事。

争取在三句话之内“出事”。

解读

参考第三章“讲故事”。

案例 4–16　我“出事了”

大学毕业后，刚工作了 3 个月，我突然辞职了。

我转行去了一个和自己的专业八竿子打不着的行业，我当时根本不敢告诉爸妈。从朋友、同事到公司领导，也都好意劝我留下。

辞职的原因并不是工作不理想，也不是家里出事了，而是我在和数字打了 7 年交道之后，忽然意识到自己的天赋和热情在写作上。

我是一个对文字的敏感度远高于数字的人，却读了 3 年理科和 4 年商科。专业对口的工作其实不错，我的很多同学都成了国际知名会计师事务所的审计师，我本来也该走这条路。

但人一旦发现了自己真正热爱的事，其他的选择就都成了将就。

从零开始，我坚持每天写作一篇 2000 字以上的文章，在公众号发表，逐渐拥有了越来越多的“粉丝”。有一天，有位“粉丝”在我的文章下打赏了 200 元。他告诉我，他每天都会看我的文章，希望我一直写下去。这一刻的被认同感，让我觉得努力很值得。

后来，我真的把写作与表达做成了自己的事业。对了，我还去考了一所 985 大学新闻传播专业的研究生，在职、跨专业的我拿到了初试的第一名。

> 我只是一个普通的姑娘，如果我可以找到自己的“天命”，其实你也可以，我们每个人都可以。希望这个小故事也能激励你去探索自己的更多可能性，找到工作的快乐。

点评

整体上还不错，但可以从以下两个方面进一步优化。

第一，故事里的“我”字有点多。

第二，所谓出事，就是要有意外、有反差，要突破常态。大学毕业 3 个月就辞职，这种做法突破常态了吗？突破了一点点。但在现在的职场中，这似乎也不足为奇。

能不能这么调整？

“我一直是一个乖乖女（停顿）……”

只要这句话说完，停顿，大家都会觉得后面要“出事”。

示例如下。

> 我一直是一个乖乖女（停顿），什么都听爸妈的，从不隐瞒。但是大学毕业后刚工作 3 个月，我就辞掉了在他们和外人看来很光鲜亮丽的工作，换了一个和我的专业八竿子打不着的行业。而且，没告诉他们……

故事练习：冲突、意外、悬念、压力

练习

先讲讲自己近 5 年遇到的最大的“坎儿”，再用“冲突、意外、悬念、压力”4 个故事元素，重新整理自己的讲述方式。

解读

参看第 3 章第 10 节。

案例 4–17　我近 5 年里遇到的最大的“坎儿”

如果你一夜间由一个部门经理被降为普通员工，你会辞职吗？

相信你们都猜到了，那个瞬间被降职的人就是我。那段时间，什么同事、同学聚会我基本都不参加，内心也极度郁闷，真想拿着工牌直接甩在上级的桌面上。“老娘不干了。”想想都解气！

过了两天，稍作冷静后，我打开一份 Excel 表，做辞职的优劣势分析。辞职：刚结婚 1 年，正在准备要孩子，换个公司肯定要更勤奋工作、表现自己，希望获得新组织的认可。不辞职：如何面对之前的老下属？别人会在背后怎么议论我？我该以什么样的心情、状态去上班呢？

我想不明白，写出来后也不知道怎么选择。和家人商量时，老公说：“你自己心里最清楚公司的情况，你自己做决定，实在不爽可以辞职，如果觉得可以再调整、还有上升的空间，就留下。”

这，说和没说有区别吗？我都分析了，辞职和不辞职各有利弊，现在就是不知道怎么下决心。我连续几个晚上看着 Excel 表发呆。

过了一周，我决定不辞职，赶紧边工作边把生孩子的事情完成。

点评

一、讲述自己的故事，却能用“你”开头，把听众带入情境之中，不错！

二、一上来就有悬念——要不要辞职。虽然这个悬念弱了一点，但描述的情境可以让人体会到压力。

三、打开一份 Excel 表来做分析——对于一个刚受到压力的女性来讲，这倒是有点让人意外，这个选择可以凸显她的性格。

四、她的冲突是内心的，不知道该怎么选择，描述得也非常清楚具体。

这个故事具备了题目要求的几个要素，可以说是一个 80 分以上的好故事。

合作型语言练习

练习

找一段自己以前的演讲稿，把其中的“我”换成“你”或“咱们”。

试着和家人玩“不许说不”的游戏，记录下游戏的过程和体会。

解读

参看第三章，了解为何以及如何把“我”换成“你”。

参看第三章，了解“不许说不”游戏。

案例 4–18　试着和家人玩“不许说不”的游戏，记录下游戏的过程和体会

周末，我和 5 岁半的儿子玩“不许说不”的游戏。

我和儿子共同制定了游戏规则——无论对方提出什么要求，你都不能说“不”，只能回答：“好的，我……”

场景一：买玩具

儿子：妈妈，我想买这个玩具，可以吗？

妈妈：不行，家里已经有很多玩具了，而且你还不收拾。

儿子：妈妈你说“不”了……

妈妈：嗯……好的，这个玩具很有趣，但这个店卖得特别贵，种类也很少，质量还不太好，回家我们在手机里挑选好吗？

场景二：不想练琴

儿子：妈妈，我想和你商量一件事情，我想先看看书，休息一下再去练琴，可以吗?

妈妈：好的。

点评

“不许说不”的游戏，其实对父母的考验更大。这样的游戏可以让孩子和自己体会合作型语言的魅力，减少冲突。

案例 4-19　找一段自己以前的演讲稿，把其中的“我”换成“你”或“咱们”

修改前演讲稿

大学毕业后，刚工作了 3 个月，我突然辞职了。

我转行去了一个和自己的专业八竿子打不着的行业，我当时根本不敢告诉爸妈。从朋友、同事到公司领导，也都好意劝我留下。

辞职的原因并不是工作不理想，也不是家里出事了，而是我在和数字打了 7 年交道之后，忽然意识到自己的天赋和热情在写作上。

我是一个对文字的敏感度远高于数字的人，却读了 3 年理科和 4 年商科。专业对口的工作其实不错，我的很多同学都成了国际知名会计师事务所的审计师，我本来也该走这条路。

修改后演讲稿

如果一个大学生毕业才3个月，就辞去了大家认为光鲜亮丽的工作，你会怎么看她？是她家里出事儿了？还是因为有更好的前程？

如果她仅仅是因为喜欢而进入一个和自己的专业八竿子打不着的行业，你会认为她是自主还是浮躁？

当时，我根本不敢告诉爸妈。从朋友、同事到公司领导，也都好意劝我留下。

辞职的原因并不是工作不理想，也不是家里出事了，而是在和数字打了7年交道之后，我忽然意识到，自己的天赋和热情在另一件事上，那就是写作。

一个对文字的敏感度远高于数字的人，却读了3年理科和4年商科。虽然专业对口的工作其实也很不错，很多同学都成了国际知名会计师事务所的审计师。我本来也该走这条路……

你会支持我的职业选择吗？

点评

当把这篇演讲稿中一半的“我”换成了“你”，就显得少了一些“自我”，加强了与听众之间的交流和互动感。

演讲的时候，怎么让自己的语言显得友好、合作？那就是心中要多装着“你”，少装着“我”；少装着“不”，多装着“商量”。

阅读与讲书练习

练习

运用所学的演讲技巧，讲好一本书。

解读

生活中，我们能把好书推荐给身边人，也是一桩“赠人玫瑰，手留余香”的美事。

可是，如何选择一本书？如何读懂一本书？如何讲好一本书？

在关于阅读的研究中，有一本名为《说来听听》的书，认为在“选书、买书、讲书”这三件事情中，居于最核心位置的，其实不是读书，而是“说来听听”，也就是讲书。

“讲书”这个活动不是单纯地为了把书讲给别人听，它本身就是阅读的一个环节，而且是处于核心位置的一个环节，是选书、读书的驱动。

换成通俗的说法，就是“输出带动输入”。

把讲书做到专业水平，当然不是一件一两天就可以达成的事。站在台上做一个讲书人，也可能会让人觉得有点胆怯。那不妨把标准降低些，只是“说来听听”。

经常在阅读之后和朋友、家人“说来听听”，会大大提高知识的萃取率。

在讲书的过程中，本书提到的所有演讲方法都是可以用到的。事实上，当你了解了这些演讲技巧后，再去听专业的老师讲书，就能体会到“哇！原来他运用了各种各样的语言表达技巧”，会有一种“内行看门道”的感觉。

案例 4–20　解读《非暴力沟通》

今天我想讲的书是《非暴力沟通》，作者是马歇尔·卢森堡。

作者发现了一种沟通方式，依照它来谈话和聆听，人们能情意相通，和谐相处，这就是“非暴力沟通”。卢森堡博士通过神奇而平和的非暴力沟通方式，使无数人获得了幸福的生活。

沟通在我们的生活中随时随地都在被运用，这是一座连接着自己和他人的桥梁，每个人都努力地表达着自己心中的“火”，希望他人理解自己，但常见的情况是，你说的意思与别人理解的意思相去甚远，他们只看到了“烟”。反过来也一样，我们无法像消防员那样准确地找到“火”，“烟”早已经将我们的眼睛蒙住了。为什么会出现这种情况呢？难道我们只有把自己的心掏出来，才能让人看清我们要表达的内容吗？

不，这只是因为你在沟通中不够爱自己。“非暴力沟通”主要讲的是，在爱护自己的前提下专注于彼此的观察、感受、需要和请求。认真倾听，互相尊重，用充满爱的语言建立和谐的人际关系，并因为彼此相爱，获得对生活的热情。

点评

梵高说：每个人心里都有一团火，路过的人只看到烟。这位演讲者运用这句话打比方来阐释沟通，非常形象。

建议

第一，开头如果能从听众出发，也许会更加吸引人。比如，“你会为生活中与人吵嘴，甚至遭受语言暴力的经历而感到头疼烦恼吗”。

第二，可以将这次分享的目标点得更加明确，例如，“欢迎来听我的正式分享”或“建议你买这本书”。

跟 TED 学习演讲结构

练习

看一段 TED 演讲，通过“思考框”的方式列出要点。

- 他的核心观点是什么？
- 有哪些论据支撑他的观点？
- 哪些故事、事实或数据让你印象深刻？
- 他的演讲与我们的生活有什么联系？
- 他的演讲有哪些内容可以为我们所用？为什么？
- 他的演讲让你产生了什么样的想象或提出什么样的问题？

解读

TED 作为高级的、能够分享新知、精心打磨的演讲集会，无论在业界还是在我心中，都有着崇高的地位。它就是一个知识宝藏，而且免费公开。如果你是一个善于学习的人，绝对可以从中受益匪浅。它不仅可以使你获取很多关于这个世界的新知，而且能提升你的演讲水平。

我曾经组建过两次 TED 学习营，带领近 100 位学员，每周看 4 段 TED 演讲，然后让学员用自己的语言把演讲内容讲出来。“讲出来”是一个理解、分析和重述的过程，在这个过程中还有更高的要求，就是需要加入自己的评价、联想及演讲技巧运用。

具体做法，就是在讲的过程中回答上面那 6 个问题，这些问题构成了一个学习思维的基础框架，我称之为“思考框”。

案例 4–21 用“思考框”拆解 TED 演讲《如何驯服你走神的大脑》

一、他的核心观点是什么？

脑电波能控制人的注意力。

二、有哪些论据支撑他的观点？

我是一名计算神经科学家，许多人认为注意力只与我们专注的东西有关，但它实际上也与我们大脑要过滤的信息有关。

三、哪些故事、事实或数据让你印象深刻？

注意两个闪烁方块的实验。

四、他的演讲与我们的生活有什么联系？

能帮助失语者重新说话，能帮助昏迷人士康复。

五、他的演讲有哪些内容可以为我们所用？为什么？

如果这项设备研发成功，势必会给全球的失语者和昏迷人士带来重新感知社会的希望。

六、他的演讲让你产生什么样的想象或能够提出什么样的问题？

我们表达和认知的所有东西都会通过脑电波传达，那么是不是刺激脑电波也会使人产生幻觉，从而做一些自己不想做的事情。

点评

相对于问题的提出，回答的正确或完备并没有那么重要。无论是 TED，还是一本书或一段音频，都可以用此框架来练习，也许你会因此增加 50% ~ 100% 的时间和脑力的付出，刚开始练习时甚至会付出更多，但当我们反复用这个框架来思考我们所学习的任何素材时，收益远远不止 2 倍。

更有价值的是，长此以往，我们就会形成一个良好的学习思维模式。

让我们不吝时间，让自己多一些思考练习吧！

节奏练习

练习

选择一段经典的单口相声、脱口秀、评书或演讲进行模仿。

把文字写下来，并用标点符号和着重号标示节奏的起伏变化。

作业目标

像书本里画线的重点笔记一样，让听众立刻领会你的关键内容。

解读

为什么我更建议大家模仿单口相声、脱口秀或评书呢？因为越是带有艺术感的语言表达形式，节奏的作用越关键。

案例 4-22　马丁·路德·金《我有一个梦想》演讲（节选）

朋友们，今天我对你们说，在现在和未来，我们虽然遭受种种困难和挫折，我仍然有一个梦想。这个梦想是深深扎根于美国的梦想中的。

我梦想有一天，这个国家会站立起来，真正实现其信条的真谛："我们认为这些真理是不言而喻的——人人生而平等。"

我梦想有一天，在佐治亚的红山上，昔日奴隶的儿子将能够和昔日奴隶主的儿子坐在一起，共叙兄弟情谊。

我梦想有一天，甚至连密西西比州这个正义匿迹，压迫成风，如同沙漠般的地方，也将变成自由和正义的绿洲。

我梦想有一天，我的四个孩子将在一个不是以他们的肤色，而是以他们的品格优劣来评价他们的国度里生活。

我梦想有一天，亚拉巴马州能够有所转变，尽管该州州长现在仍然满口异议，反对联邦法令，但有朝一日，那里的黑人男孩和女孩将能与白人男孩和女孩情同骨肉，携手并进。

我今天有一个梦想。

点评

很多改变世界的著名演讲，你模仿起来时会感觉它们还是略显文绉绉，因为翻译过来的语句，很多时候是按书面语来处理的。模仿练习时，我们可以做适度的口语化处理。

我会在需要停顿的地方加一个逗号或者加一个句号；把语气要重些的语句加粗；在需要重复的地方加上下划线，意思是需要重复强调一遍。

具体的处理方式仁者见仁，智者见智，就像前文所说，文无定法，你完全可以根据自己的理解来处理。

金句练习

练习

从以下句子当中，挑一句话作为自己接下来一段即兴演讲的开头或结尾。

- 长得丑的水果都在努力长得甜。
- 孩子拥有不说话的权利，他才有说话的自由。
- 爱一个人也是一种能力，一种像体力一样的能力。（麦家《人生海海》）
- 生活的最佳状态是冷冷清清地风风火火。（木心）
- 有些笑容背后是紧咬牙关的灵魂。（柴静《看见》）
- 生活不可能像你想象的那么好，但也不会像你想象的那么糟。（莫泊桑

《一生》)

- 故事是有意味的变化。
- 不要让你的自我介绍太自我。
- 越自律越自由。
- 读书不能保证命运更好地对待你，但能保证你更好地对待命运。
- 谈判是双方妥协的艺术，追求的是双赢。“我赢你输”是征服。（白岩松）
- 不能按照你想的方法去活，你终将只能按照你活的方法去想。

解读

现在很流行“金句”的说法。

在这个快速消费的时代，“金句”虽然有对知识和观点片面化、简单化处理的嫌疑，但它的确能够帮助听众更快地领会演讲者的核心观点，帮助听众形成有效记忆。一段演讲中有“金句”，是一件好事。

过去，人们喜欢引用名人名言，还喜欢给自己写上“座右铭”或“格言”，今天，大家在各种 App 上的签名也同样昭示着自己的人生态度。

这些方便彰显自己并能快速影响别人的句子，大概就是“金句”了。

如果你的演讲中有一句或几句话，能够让别人印象特别深刻，犹如击中神经，这大概就是“金句”了。

如果你的演讲中还没有这样的句子，尝试找到它、提炼它。当然，你也可以先练习，将那些击中你的句子引用到自己的演讲中。

案例 4-23 “读书的作用”

有人说：“我读了很多书，但生活依然充满了烦恼和问题，是不是读书没啥用？”

读书是为了什么？有些人是为了标榜自己，标榜自己是个“读书人”，有知识、有文化；也有些人是为了创造价值，“书中自有颜如玉，书中自有黄金屋”。

我觉得其实读书最大的作用是升级智慧。用书上学到的知识指导自己做事，再用书上的知识去验证行为，如此反复不断提高自己做事的能力和水平，不断升级自己的智慧。

人生本来就会遇到很多麻烦和问题，麻烦并不会因为读书多而变少；而只有升级了智慧，才可以更加正确地应对各种各样突如其来的麻烦。

所以白岩松说过一句话：“读书不能保证命运更好地对待你，但能保证你更好地对待命运。”

案例 4-24 “笑容背后紧咬牙关的灵魂”

你有没有体验过一蹶不振的颓废，哪里都不想去，只想把自己关房间里，不想说话，不想喝水，不想吃饭，不想动弹？

成年人的世界，难免会有那么一瞬间感到困惑、失望。

明明付出了那么多，升职加薪怎么就没有我？

公司又要你出差，老婆在家埋怨你已经一周没陪孩子了，眼里只有工作。

孩子又要上补习班，一次就要万把块，经济压力很大。

父母年纪大了，但自己忙于工作、交际，没有时间陪陪他们，我算不算个孝顺的孩子？

有那么一两个瞬间，当“顶不住”的无力感袭来，我真的什么都不想再理会了，把头埋在被子里，假装世界上只有自己。

就像微博上的那条新闻，凌晨在马路上痛哭的中年男人，他是谁的父亲？又是谁的孩子？

就像冒着雨雪依然骑着电动车给客户送餐食的外卖小哥，他是谁的丈夫？又是哪个家庭的顶梁柱呢？

为什么别人都能事业家庭双丰收？

不是这样的，其实你很优秀。

硬币有正反面，其实是你只看到别人光鲜的外表而已。

每个人在学走路时都会摔跤，别气馁，站起来，只要站起来比摔下去多一次，你就是强者。

有些笑容背后是紧咬牙关的灵魂。

点评

显然，最后那句“金句”使演讲的价值得到了凸显。

PPT 练习

练习

从下面的辩题中选择一方观点，做一段 1~2 分钟的陈述。

辩题：早点结婚更好 / 晚点结婚更好

根据自己的演讲内容，手绘 3~5 张 PPT

解读

本书介绍的演讲方法中，并没有专门提到如何做PPT。但在演讲教练的进阶过程中，必然要学习和掌握一整套简单的辅导别人做PPT的方法。

制作非常简单，甚至都不用电脑，手绘即可。那怎么连接屏幕呢？现在科技很发达，用手机拍照，然后直接投屏即可。

我们做的PPT通常有两种，一种是演讲辅助型PPT，就是以人演讲为主，PPT为辅；另外一种可能是在没有演讲机会的情况下，直接把PPT发给对方阅读，我们称之为阅读型PPT。

阅读型PPT需要内容数据详尽，而对于演讲辅助型PPT，更建议采用如下简单的标准。

- 每张幻灯片只包含一个观点。
- PPT是为观众而不是为你服务的，不要让它成为你的提词器。
- 可以用大尺寸图片或少量文字来填充PPT，或者根本就不用文字。
- 对每一个观点，都要问问自己，如何通过图片的视觉方式来表达。
- 整个PPT最多使用两种字体。
- 字要少一点，大一点。
- 让观众的注意力集中在你身上，而不是PPT上，让听众保持好奇心。

本章小结

我猜测，可能很多人看到这里的时候，还没有进行一次认真的演讲练习。

在互联网时代，知识已经没有壁垒了，每个人都可以轻松容易地获取你想知道的任何知识。

就像你也可以从很多其他渠道获得本书所讲的一些内容。

但研究也告诉我们，相比于过去，人们在互联网时代有效获取信息和知识的能力并没有太大的提升。

更糟糕的是，因为信息的“爆炸”，大量碎片信息、短视频、段子充斥着我们的生活，反而消耗了我们深度思考、处理和运用信息、反思知识的时间。

在这本书里，我只能尽可能地提醒你，练习是更高效的学习方式。主动去做，才会收益翻倍。

05

CHAPTER

第五章 30个演讲应用场景

本章列出了生活、工作和社交等相关的 30 个演讲应用场景，并就这些场景之下的真实问题进行了情境示例。

我和各位演讲教练们，从各自的角度给出了现实的建议。

你会看到：一个场景下的难题，可以用到很多不同的技巧；你也会看到，面对不同的问题，可以反反复复使用同一技巧。

生活场景

场景 1　劝学

怎么语重心长地和上中学的孩子谈谈，让他能更主动地学习，谈哪些内容比较合适？

先想想，你自己在工作中主动吗？因为工作中也需要不断学习，如果你自己都不主动学习，那我建议，先想想怎么和自己谈谈，或者先请孩子来跟你谈谈。

在谈话前，你首先需要考虑一下，是否真的了解你的听众，也就是你的孩子。你可以从以下几个方面进行评估。

- 你与孩子的关系，是不是建立在比较充分的信任之上，并且彼此尊重？
- 你觉得他不能主动学习，这是事实吗？
- 他是不想学习，还是想学但缺少学习方法？
- 他是不是最近有人际关系方面的困惑？

对于这个谈话场景，有以下 10 条建议。

1. 每一次有目的的谈话，发起者都需要先了解听众的想法。

你最好能够旁敲侧击，从各个方面了解清楚孩子的情况，为这次与学习有关的谈话做好铺垫和准备。

关于孩子是否能够主动学习，有很多维度可以进行考查。比如老师对他的评价怎么样？他是不是已经掌握了足够多的学习方法？他是不是能够获得好的人际关系支持？他对自己的前途有什么设想？他对自身现状有没有准确的评估？他自己还有什么心理纠结的地方等。

了解这些以后，你才能有的放矢地进行谈话。在这件事情上，不要指望有一套万能的方法。

2. 谈话前最好明确目标。

你希望和孩子谈完以后，他能采取什么样的行动？获得什么样的新观念？受到什么样的触动？

谈话目标需要设置得具体一些，比如制订下周的学习计划，或者每天少玩半小时手机。

3. 演讲或者有目标的沟通，都需要有一种礼物心态。

礼物心态，能从根本上让语言方式发生转变，让孩子觉得你不是在训导他，而是在送给他“礼物”。

你可以对他讲一段自己的人生经历，可以与他分享一点信息，可以告诉他大学的录取率，以及那些上了好大学的人，他们在社会上的竞争力如何变得更强的事实，这些都是可以作为“礼物”送给他的。

还有很多东西可以作为“礼物”，比如一条建议、一条新闻、一次鼓励、一次感谢……但是你要清楚，一次训导绝不是他喜欢的礼物。

4. 说真话，不说假话。

坦诚是彼此信任和尊重的最有效的手段。

作为家长，你可能会有一些深层次的担忧。比如，你担心自己没有足够的能力确保孩子将来过上衣食无忧的生活；担心孩子以目前的状况发展下去，他未来会吃苦受难；担心自己之所以对孩子有那么高的要求，是因为自己曾在生活中经受坎坷。

但其实，你完全可以把这些担心更坦白、更直接地对你的孩子表达出来，这非常有助于拉近你和孩子之间的距离。

5. 在恰当的时候开始谈话。

开始一段谈话，首先要考虑沟通的场景和氛围是否适合这次谈话。

在不同的氛围下，孩子会有不同的心境。如果他正着急完成作业，或者正着急出去玩儿，可能都不是开始谈话的好时机；如果是公开的场合，比如有很多亲戚朋友在场，那么也不是谈话的好时机。建议在私下里与孩子进行一对一的沟通。

6. 少讲抽象的道理，多说具象的东西。

孩子的思维方式往往更倾向于接受具象的事物，所以你在和孩子谈话的时候，要多谈具体的东西，不要讲太多宏观的、抽象的道理。

你们可以聊不同的职业，可以聊某种工作具体的收入，也可以聊如何更好地学习一门学科。谈到学习方法时，你可以具体到怎么做笔记，怎么应对即将到来的考试，怎么读一本书更快，怎么和别的同学进行讨论，这些具体的方法，可以帮助孩子更好地处理相应的事情。

7. 讲故事，在任何时候都是一个好办法。

你可以讲自己的人生故事，也可以讲他人的故事。名人的故事、身边朋友的故事、邻居的故事，都可以。

为了教育孩子以及更好地与孩子沟通，寻找和搜集各种好故事也是家长的必修课。

当然，人生道理不是一次就可以讲清楚的，也不能指望讲一次就能对孩子形成持续的动力，这是一个循序渐进的过程。

8. 要善用打比方。

你可以主动地上班吗？为什么孩子都能主动地吃饭、睡觉、打游戏？

在和孩子的谈话中，我们可以从那些孩子可以主动做的事情，以及你可以主动做的事情当中，找到它们的异同点，然后告诉孩子，你可以在这件事情上做得很好，而这件事情与学习有这些共同点，我相信你也可以把学习做好。

9. 多使用合作型语言。

缺少合作型语言，这是家长在与孩子沟通时，让孩子觉得自己是在被训导的一个主要原因。

和孩子谈话的时候，要更多地使用“咱们”，是“咱们”要怎样做，而不是“你”应该怎么做。

比如孩子的学习成绩，那应该是由家长和孩子共同面对的问题，而不是由家长训导，让孩子去解决的问题；是应由“咱们”一起想办法，而不是“你”要怎么做。

在谈话中，少说一些“不行”“不要”“不能”，多采用商量的语言方式：“关于这件事情，我们是不是再讨论一下，看还有什么更好的办法？”“咱们一起来琢磨琢磨有什么办法。”

10. 使用幽默、夸张的方式。

有时候，非常正式地谈一个问题，未必有好的效果。你可以采取一些貌似轻松，却暗含道理的谈话方式。比如，讲讲笑话，或者用夸张的语言来讲，这样既能把道理讲了，又能让孩子觉得没有那么大的压力。

我想劝爸妈多听听书，但他们不感兴趣，怎么说比较好？

你给父母推荐过适合他们看或听的书吗？

如果你推荐的书他们不感兴趣，也许是你还不够了解他们。作为子女，要多去了解父母。我看见了什么？我能做什么？我对父母的需求了解多少？列出父母的需求、兴趣、烦恼清单，有针对性地推荐适合他们的书。

我妈很爱她的孙子，但又怕媳妇说老人不会带孩子，所以我就会推荐她听

《父母的语言》。我爸最不喜欢读书、听书，但他喜欢琢磨做菜，我就推荐一些美食杂志给他，无论他做得好不好，我都夸他一番，所以我们家食谱很丰富。

每个人都有需求，每个人都需要终身学习，老人也不例外。如果父母还是对听书不感兴趣，那一定是我们没有找到适合的方法。深挖需求，用更多耐心去了解父母。

● 影响别人的唯一方式就是谈其所需

爸妈需要什么？让爸妈听书的目的是什么？是为了他们自己，还是为了帮助他们更好地关心儿女？也许后者会让父母更有动力！

父母都心疼自己的孩子，所以如果你想让父母养成听书的习惯，就可以从“对自己孩子有用”这个点入手。

比如，你可以这样说：“哎呀，怎么今年体检医生让我注意饮食，小心‘三高’啊，尤其是有家族病史的。爸，这个书要是字儿小看不清，你听一下《学会吃饭》这本书，回头咱讨论下怎么吃有利于我身体健康。”

● 有一个重要的目的——促进沟通

子女往往能接触到很多新鲜事物，新的用语、新的科技产品等，而父母却越来越看不懂、听不懂孩子们每天关注的新鲜事物，两代人的共同语言就会越来越少。父母开始唠叨，抱怨孩子不愿意和自己沟通、不想多说话，甚至说不了几句话就开始不耐烦。

这个时候，我们作为子女，如果愿意去与父母沟通，告诉他们自己最近在看什么书，在研究什么有意思的内容，并把这些有意思的内容分享给他们，那么他们也是愿意去尝试的。

作为父母，他们并不想被时代抛弃，更不愿意与孩子没有共同语言。你可以和父母说，我们一起听这本书，然后来聊聊或一起去做些什么，父母是非常乐意的。

- **父母也需要发挥自己的价值，比如成为家人和子女的榜样**

如果他们哪一天无意间听了一本书，或者引用了书里的一句话，你就可以很真诚地赞扬他们："爸爸 / 妈妈，您刚刚在听书吗？您以前都不感兴趣的，现在也慢慢地开始学习了。实在太棒了，简直是我的榜样！不行，我现在也要学习去，向我的好爸爸 / 妈妈学习听书！元元（你的孩子），你看，姥姥 / 姥爷在听书，他们也开始学习新理念了，太棒啦！那我们也向姥姥 / 姥爷学习好不好？"

- **针对具体问题列出具体书目**

你可以询问父母最近的睡眠情况、身体情况、饮食情况、娱乐情况等，然后告诉他们能变得更好的办法。接着你就打开一本与他们最关心的问题相关的书，陪他们听听看，他们如果有兴趣，就立即教他们如何收听。

- **调整心态，把自己的建议和劝告，当作一份礼物**

书，不是必须听、必须看的，但它可能成为陪伴父母度过闲暇时光的伴侣，也可能成为促进两代人沟通的共同话题，也可能成为父母了解现代社会的一个窗口。

以送礼物的心态，告诉父母这些道理，想必父母是很愿意接受的。

场景 2　表白

大家都很向往美好的爱情，但是在开始一段美好爱情前，你可能需要一次正式的表白。在表白的时候，应如何运用演讲的技巧呢？

如何向喜欢的人表白？

如果对方也喜欢你，不用表白。

如果对方不喜欢你，也不用表白。

所以表白本身是徒劳的。

当然，你想的不是要不要表白，而是能不能和对方走在一起，所以首先搞清楚对方是不是喜欢你，才是最重要的事情。

虽然谈感情，但也需要有一些理性的思考，比如你表白的目的到底是什么？

是让自己舒服还是让对方舒服？

是话不说出口，你就实在憋得难受？是给对方一个机会？还是希望和对方共同探讨双方感情的走向和可能性，以及可能面对的复杂问题？

你的表白对对方到底有什么价值？是会成为对方和朋友分享的一个笑话，是让对方在孤独寂寞时感到你强有力的安慰和支持，还是让对方知道自己有一个“备胎”？

你首先得确定你是真的喜欢对方，而不是你也需要一个“备胎”。关于演讲在感情中的应用，本书坚持的原则是真诚，不说假话。

表白当然也是要讲究场合的，而且要有一个好的切入点。你需要仔细考量是在公众场合表达还是在私下约定，千万不要让自己处于太过尴尬的位置。当然，你也可以用演讲中一些开头的方法，比如提问或者坦白。

场景 3 相亲

你参加过相亲吗？相亲其实是一个特别讲究交流效率的场合，而且通常大家目标都很明确，是有目的的社交表达。那么在以下场景中，你会如何进行沟通和交流呢？

参加相亲派对，聊天中应如何提问？

● 相亲中沟通的目标

有人说，应该换一个问法："如何提问，才能快速了解对方的信息？"

因为相亲过程中常用的提问方式，要么就像审讯，包含一连串封闭式提问："您住哪？平常做什么工作？有没有房子，有没有车？收入情况怎么样？对未来有什么打算？有什么兴趣爱好？"这会让对方觉得很俗套、很有压力；要么就是问题太开放，让人无从回答，比如"你对未来的婚姻生活有什么设想？你这个人性格是怎样的"。

那应如何提问，才能更高效地了解对方呢？不如反思一下相亲提问的目的。相亲真的就只是单纯希望了解对方更多的信息吗？

让对方看得上你，让自己成为一个受欢迎的人，其实才是你相亲时能去努力争取的沟通目标。

相亲，就是在看得顺眼的基础上，期望找到谈得来的对象。所以首先要让自己变成一个和别人谈得来的人，然后再去判断对方能不能与自己谈得来。如果直接问一连串封闭式问题，或者问一些对方难以作答的问题，谁都不会觉得跟你谈得来。你都不受对方欢迎，了解对方那么多信息有什么用？

● 从礼物开始

一个礼节性的小礼物，往往就可以开启你们的谈话。

平常你都喜欢送别人什么礼物呢？“我送的东西都很实用。”对方开始说自己的性格了，谈话的开启变得非常自然。

如果你时刻怀着送礼物的心态，就算聊“你是做什么工作的”，你也会自然而然地接上一句“我是做……的，有什么我能帮你的地方吗”“在工作当中，你觉得自己现在最需要什么样的帮助”。

当你时刻在考虑能够带给对方帮助或者价值，而不只是为了获取信息时，谈话就特别容易进行下去。

● 讲故事

有这样一个题目：讲讲你过去 5 年里遇到的最大的“坎儿”。在二十几人的教室里讲自己的一道“坎儿”，往往是自己刻骨铭心的事情，而且是最能体现自己个性和选择的事情，因此有的人讲得声泪俱下。故事，可以迅速拉近彼此的距离。

所以可以在适当时候，提出以下这类引发故事的问题，包括把自己的好奇心直接展示出来，给对方讲故事的空间。

> 最近有什么开心（难过）的事儿吗？
>
> 我看到你换过两个行业，这不容易吧？
>
> 你是怎么考上那么好的学校的？

当对方觉得你是一个可以倾诉的人时，你便是受欢迎的。

我外形条件一般，怎么在相亲会上介绍自己，能吸引更多人的关注？

● 以为是缺陷，其实可以是优点

引起关注的方式有很多，以下就是一种很用心的方式。

道具准备：相亲那天，带上两个丑橘。

开场：姑娘你好，长得丑的水果，都在努力长得甜。我也是这样。

（把橘子递过去）

讲个故事：我是如何长得甜的。

（潜台词是“我是一个值得嫁的人”）

比如：

因为长得丑，所以苦练足球，成了校园足球明星；

因为长得丑，我只能和书本谈恋爱，拿到了全额奖学金，得到校长荣誉徽章；

因为长得丑，别人毕业后进了大公司，我被迫自己创业，如今身价几何，房产几多；

因为长得丑，一心让自己长得甜，终于在长甜了的这一刻遇到了你。

姑娘，你需要认真品尝下：这个丑橘它到底甜不甜。

每一处你看起来是缺陷的地方，同时也可能是你的优势。换个角度，柳暗花明。

- **换位思考，放大优势**

在演讲中，我们要先了解听众是谁，以及自己的优势和价值是什么。

其实，我做过一些调查和询问，大多数人找伴侣其实更看重对方的品质和技能，看对方有没有耐心，会不会为他人着想，够不够顾家。

外形普通，往往会给人踏实、可靠的印象，所以外形的普通也可能成为你的加分项。

场景 4　劝和

在人际交往中，难免会发生一些争执或矛盾，这时候，作为旁观者就可能要去劝和，面对这样的场面，你会如何表达？

> 员工内部发生矛盾，吵架、扯皮，你作为老板，想要调解他们的关系，该怎么说？

- **和员工站在一边，让困难在另一边**

把他们开除，或者双方各打五十大板，我相信这些都不是你想要的。已经到了吵架的地步，可以说双方的情绪都到了爆点，所以首先要做的就是让他们彼此都平复情绪。接下来，你可能需要分别和他们谈话。

（1）“Yes，and”法则

不管怎么说，首先要承认员工的正面意图，对他们的正面意图进行澄清并表示肯定，然后再补充你需要说的内容。

（2）礼物心态

你讲的话对员工来说是否有价值，是否有利于他们的成长，还是仅仅“刀切豆腐两面光”？咱们得和员工站在一边，让困难在另一边。

（3）打比方

员工可能会陷入思维死角，对他们的行为认识不清。你可以用一个通俗的比方，来帮助他们解读自己的行为。

● 负面反馈法，共同认清问题

（1）先倾听

一对一约谈，静下心先倾听员工的叙述及理由，从而了解事件的整体情况。

（2）负面反馈

通过分析“事实—影响—后果”，让双方都发现自身的问题，并让员工知道谈话的目的是解决问题，而不是指责他们。

（3）认可对方

员工发现了自己的问题时，自信心会有所下降，这时应及时给予肯定。例如，“小李，你是位责任心特别强的员工，我第一次见到你，是在市场部做策划项目路演的现场，当时很多没提前报备的客户都涌到了现场，场面很混乱，你看到人手不足，主动承担了三四个岗位的工作，抽调人手去配合现场临时的需要，这体现出你不仅责任心强，同时有大局观、统筹能力强……”，通过这番话给予他信心及认可后，对方会更放心地打开自己的内心，直面自己的不足及吵架的缘由。

（4）改进计划

接下来，可以进一步针对双方吵架的原因做深度剖析，同时制订改变计划。

（5）协同

在你一对一与双方沟通并分别制订改变计划后，可以三方一起做一次坦诚对话，共同寻求第三种解决方案。

● 需要表达什么

每个老板都有各自不同的做法。

劝和的目的，如果仅仅是不影响当下的工作，可能就要强调职场的规则、对敬业的要求；如果是希望他们消除对彼此的误解，能够真正地平复情绪，真正地接纳、理解对方，化干戈为玉帛，就需要对事情本身做更具体的分析。

事实上，不同的人总会有不一样的观点，难免就会有冲突和矛盾产生。如果涉及重要的事情，尤其是跟团队理念、价值观相关时，可以借着消除矛盾的过程，强化学习团队的行为准则及价值观。

人是很多元的，不要想着拿把锉刀，就把别人的观点和感受都磨成一样的，这个诉求太高，不现实，应该求同存异。

双方发生矛盾冲突，两方都是自己的好友，让你在公开场合评理，如何才能保全大家的友谊？

● 劝和的基本思路

人际冲突就像下象棋，有一条“楚河汉界”，一个人在楚河的一边，一个人在另一边。两军对垒，你拼我杀。应如何解决冲突？把两个人拽到楚河的同一边，把问题放在另一边。这是解决人际冲突的基本思路。

●“不许说不”的游戏

如果条件允许，可以玩“不许说不”的游戏。和双方约定一下：从现在起，不许说不。

想象一下，吵得正凶的时候，你特别生气，觉得自己特别有理，这时候有人问你：“停止吵架好吗？”如果不许说不，那么你应该说什么呢？

你可能说：“那你说，我能怎么办？”

“我觉得你可以去尝试理解他，对吗？”

“我有什么办法能理解他？”

这个方法非常好用，如果经常玩这个游戏，你就会发现，当说到“怎么办”的时候，你已经开始在想新的办法了，就在朝“寻找事情的解决方案”前行。

● 合作型语言

吵架就是对抗，对抗的反义词是合作。

多使用合作型语言，可以影响和引导当事人的心态，使他们朝着合作的方向发展。

合作型语言，是大家听起来舒服的、顺畅的、让人感到“我们在同一边”的语言。这意味着是“我们”、是“咱们”、是一个团队，我们要一起面对其他问题和困难。

对存在冲突的人而言，最直接的建议就是多用“咱们”“咱们俩”“咱们仨”，少用“你”和“他”。

● **劝和的对象，其实最想获得你的肯定**

在评理的过程中，你千万不要以为他们真的是请你来说理的，其实他们只是想让你肯定他们干得好。如果你认真说理，只会让他们觉得你在说教。

在开口之前，你需要了解他们双方的共同点和需求点，让双方都得到一些满足。听众被你看见和理解，你的话就有了说服力。

你需要多用提问的方式，启发他们换个角度处理事情。真正能说服自己的只有本人，因为没有人愿意被改变。比如，你可以问："为什么你们很在意这件事情呢？你为什么觉得这很重要呢？"通过这种引导思考的问题，双方内心的想法能得到表达，他们也会发现，其实冲突只是因为双方表达不当。

场景 5　安慰

关于安慰，我们同样来举例分析，看看大家都是如何表达的。

同事上周失恋了，无心工作，但有个重要的项目需要她全身心跟进。我应该如何安慰她，并帮助她快速回到工作状态？

● **处理这个问题最主要的是耐心倾听和真诚赞美**

可以用提问的形式开启你的聆听，先用封闭式问题得到她的确认，再用开放式问题打开她的话匣子。

你可以这样问："这周刚刚失恋，应该很难受吧？可以和我说说，我听着呢。我理解你的感受，现在是不是好很多了？现在感觉怎么样？"

等她看起来倾诉得差不多了，可以让她确认：说出来真的好多了。然后再引导她，一起来理性分析一下这段恋爱。在她理性分析之后，你可以真诚地赞美她的理性，并将这种赞美过渡到对她工作的赞美。

“我越来越佩服你了，你竟然能这么理性、客观，这么快就让自己冷静下来了！难怪同事们都说工作一定要找你多探讨！”

过渡到工作中的具体项目，可以问问她对最近这个项目有什么看法，并真诚地赞美她的回应，再过渡到交付日期，之后再次表达真诚的赞美。

● 如果无论你怎么安慰，她都说你不理解她的苦，此时不如试试打比方

“失恋真是一件特别让人伤心难过的事情，就好像你把所有的积蓄装在包里，带在身上去旅行。可是你发现，包上有个大洞，积蓄都不见了，车还在往前开，倒回原处已经不可能了。这个时候伤心难过是肯定的。只不过，你是选择停留在原地挨饿，还是继续努力赚钱养活自己？也许后面还有更好的机会，你能攒下更多的积蓄。

现在的重要项目不能帮你找回感情，但可以让你在工作中实现自己的价值。客户、团队、诸多合作方，都在等着你全身心投入，期待你的表现。”

● 发挥同理心，尊重她的情感表达

首先认同她失恋的痛苦，再讲讲别人或自己失恋后也很痛苦的故事。分享自己当时是如何努力走出痛苦的。讲故事的时候要具体、有细节、有个性，这样效果更好。

然后问她做什么能好过一点，再问她结果能否改变，了解她接下来有什么打算，问问你能否为她做什么，最后再跟她谈工作。

谈工作时，首先要说明项目的重要性，需要她全身心跟进；其次，向她说

明跟进这个项目她能有什么成长和收益，比如这样可以让她更有资格与优秀的人相配，因为有句话说得好：你若精彩，天自安排；你若盛开，蝴蝶自来。

● 没有什么比讲故事更容易让人产生代入感并快速明白道理、接受现实了

给同事讲励志故事的同时，还可以具体化地描述她努力振作后，未来在事业和生活中可能出现的精彩绽放。并且在讲故事的过程中，多使用合作型语言，多用“咱们”，让她感到有力的支持，提升她的自信心。

● 最好给她讲你自己亲身经历的故事

讲故事既能分散她对自己痛苦的关注，你也能借故事侧面说出你想劝她的话。

● 根据与对方的业务关系，调整自己的语言

> “听说你上周失恋了，最近状态还没恢复，看来你对他感情还是很深的，蛮受伤的……但你也知道，我们这个项目很重要，我既关注项目进度，也关注每一位重要成员的感受。这几天下来，我看你状态不好，你是在想办法挽回，还是就此结束这段感情？如果结束感情，是想再沉浸其中一段时间，还是想尽快投入工作？看看我怎么能更好地帮到你。”

看了案例，你是否已经掌握了安慰的方法呢？下面是三个可供练习的题目，你不妨来模拟一下，看看你的安慰是否有效。

（1）好朋友的丈夫出轨，她哭着问你怎么办。你确定她根本不想离婚，要

怎么回答才能安慰她？

（2）朋友和谈了5年的女友分手，每天寝食难安，也不去工作。你该如何引导他找回自己的生活，让他一周内去工作？

（3）一个8岁的女孩喜欢看《史记》，但在与同龄人的交流中，她得不到互动，存在被孤立的情况。父母该如何引导？

工作场景

场景6　面试

找工作需要面试，考研需要面试，考公务员需要面试，很多人为此投入很多金钱，报班学习面试技巧。

当你很好地掌握了演讲的方法，就可以很好地应对各种场景下的面试。来根据下面两个场景进行训练吧。

面试的时候，被面试官问到没有掌握的题目，怎么回答比较合适？

面试中，大多数人最不会回答的问题有两类，一类是专业类难题，这种情况下，最好“不知为不知”，切忌不懂装懂；另一类则是通用型难题，我们倒可以好好分析一下这类难题，例如以下困境假设题。

（1）如果你没能被我们录取 / 录用，你会怎么办？

（2）如果在你和A、B、C几个人中录用一人，你觉得谁最有可能被录用？

● 聚焦目的

就像我们演讲首先要从听众出发，遇到比较难的题目时，咱们也要首先想想，面试官到底想听到什么，为什么他会问这个问题。

你想到这里，可能会意识到，这类题目未必是面试官真的想把你扔到困境里，他可能想通过假设，考验你的抗压能力和对待这次机会的态度。

那我们再来想第二个问题，你想通过回答这个问题达到什么目的？

你的目的是不是证明你的抗压能力还行，并表达自己真的很珍惜这次机会，也真的适合对方的需求？

● 不说假话与“Yes，and”

我们的应对也可以分成两个要点。第一个是请你别慌，依然要有条理地分析，尽量避免说出不合时宜的话，“不犯错”也可以证明你的抗压水平和应变力还不错。第二个则是“不说假话”。不要故作镇定地说，如果没被选上，我还有其他选择；也不要过于谦虚，直接说 A、B、C 这几位都比我好，你们选他吧。

这时候，你要呈现一些真实的反应。如果你在乎这次机会，你听到第一个问题的瞬间，应该会愣住或惊讶一下，然后表现出自己的惋惜，进而谦逊地说自己仍有不足，但你真的非常向往这家公司或这所学校，如果未能进入，会继续磨炼自己的能力。依据自己的风格，你也可以争取一下，谈谈自己能满足对方哪些需求，表示既然我们还有一点沟通的机会，您再考虑一下我。

看完这段，你是不是觉得所谓难题，你也不是真的无法回答，你还是能说一些的。

面对难题，先做到坦然接受，再仔细想想对方为什么问这个问题，我怎么通过回答展现对方需要的能力，以及如果实在不会回答，我说什么可以弥补。

最后，始终牢记你参加面试的核心目的，是把你符合对方需要的能力展示给对方。

从听众和表达目的出发，你怎么都不会迷路。

● 背答案不是出路

有不会回答的问题很正常，不建议大家背太多“面试经验”“面试模板”，这些可以作为参考，但不要背。

没有一场面试是可以复制的，也不要把面试官想得那么简单。你背好的答案，其实面试官一下就能听出来，因而瞬间就对你的回答失去了兴趣。在“不说假话”和“真诚”两个基本原则下，背模板很容易露出马脚。还不如直面难题，用上 PEEP 结构，有理有据地把自己真实的想法讲明白。

> 大学生求职面试，1 分钟自我介绍，应该怎么说才能在面试官心中留下好印象？

● 了解听众需求与具体化

自我介绍可能是演讲场合中，说“我”最多的情况了，那我们能不能另辟蹊径，通过说“你”来吸引面试官的注意力呢？

其实也可以。

多说“你”，不仅是努力与对方产生连接，而且是将“用户思维”运用到位，充分体现职场人的素养。

你想想，面试官的工作，是不断地将你提供的信息与他的招聘需求进行对比，从而评价你是否与之匹配。那我们如果能从他的思维出发，是不是就能提供对方真正需要的信息，从而减少冗余信息，节约他的工作时间呢？

例如，你可以在自我介绍时用一句话点出，“我应聘的是贵公司的 ×× 岗位，它需要 ×× 能力完成 ×× 工作，而我拥有相关的专业素养和实习经验”。然后再条理明晰地呈现自己的相关信息（注意用到具体化的方法）。

如果你应聘的岗位和你的专业不对口，你也没有相关的实习经验，怎么办呢？

在这种情况下，你就需要花更多的时间去挖掘自己的经历，找到那些你适合这份工作的依据。比如面试新媒体岗位时，虽然你的专业不对口，但你尝试过自己运营公众号或抖音，或者你可以详细分析几个爆款账号的运营逻辑，或者你对不同平台的风格和特点有自己的独特理解……

总结一下面试中自我介绍的思路：首先是点出自己对这个岗位工作的认识；其次是呈现自己与之匹配的能力、经验、思考、尝试；最后需要用具体化的技巧使陈述更直观、更可信。

● 呈现与目标公司（学校）一致的风格

最后是两个进阶建议，第一个是试试挖掘你的故事，讲故事永远比复述简历更打动人；第二个是观察目标公司（学校）的风格，最好能与其职员（学长学姐）聊聊，在面试中呈现类似的风格，熟悉感会让面试官感到“你就是我们公司的人”。

● 强调特色，做好印象管理

你准备的内容再多、再丰富，都可能敌不过一个现实：面试官在见到你之前，可能已经听过（或者要听）另外几十个人的自我介绍。

所以要想给面试官留下印象，必须有自己的特色。

（1）突出展示你有的优势。

（2）如果面试官一眼就能看到你的短板，趁面试的机会找补回来。

（3）强调你和岗位的匹配度，用具体的内容来阐述。

（4）尝试从面试官的角度来看问题，比如职位的意义，你能给公司创造的价值等。

记住，面试官看应聘者，是看这个人获得相应的职位之后，公司和部门运营的顺利程度。讲好故事，让他在一众应聘者里面记得你，回去就会再翻你的简历，而你给他留下的印象，就会更加立体。

场景 7　竞聘 / 自荐

生活中的竞争无处不在，即使你是千里马，但伯乐不常有，所以很多时候需要你主动出击，主动自荐，展示你的优势，让别人一眼就相中你。在自荐展示的过程中，你也可以运用演讲的技巧和方法。

想毛遂自荐晋升部门经理，我该怎么办？

- **描述可取之处，做好印象管理**

除了介绍最基本的信息，我建议把自己的可取之处放在前面，阐述 1 ~ 3 点即可。

我们真正需要用心的是给别人留下的“印象”。什么是给别人留下的印象？就是如果我听取你的毛遂自荐后，回去跟别人转述分享时，我愿意且能够讲出的特征内容。

这些内容，往往是别人是否录用你或者与你合作的最关键因素。因此，应把自己最可取之处提炼出来。

这同时也是在挖掘自己对别人的最有价值的东西，你要讲的其他内容或者简历上的内容，都是对于这些可取之处的补充和证明。

可取之处，要最先描述。

● 从对方的角度出发

题目是想毛遂自荐成为部门经理，一种可能是公司有意向提拔员工，但自己不在候选人范围内；另一种可能是公司暂时没有意向提拔经理，但自己想要向公司提这样的建议。

如果是第一种情况，你需要先了解清楚公司对这个岗位的要求，以及自己不在候选范围内的原因，再分析自己可以胜任的理由。

如果是第二种情况，则要从对方的角度来看，考虑公司设置部门经理这个职位对公司的好处。

● 礼物心态

当你了解对方的需求后，接下来就要带着送礼物的心态去争取，要从给公司提供价值、解决公司的需要的角度出发去阐述理由。

● 具体化

既然想毛遂自荐，肯定有自己的理由，把自己能提供的价值具体列出来，比如领导能力、专业能力等，接着在自己过往的工作经验中找出每一项能力所对应的具体事例，来证明自己具备相应的能力，并不是单纯地列举这些能力。

竞聘的时候，我因为紧张，把该说的要点忘记了，我该怎么办？

● 自嘲

“哎呀！有点忘词了。各位领导，如果我告诉你们。为了这次竞聘，我在过去的一个月里每天花 2 小时在家里准备、背稿，我的家人每天听我念叨，她现在都会背了，你们应该不会信我吧……其实这种情况也不是第一次遇见了。我在咱们公司过去工作的 8 年时间里，遇到过上百次这样的情况。有时就算做了再充分的准备，也会被不可控的因素打乱（有例子可以说具体事件），所以随时要有 B 计划，请各位领导给我 10 秒看一下我的 B 计划（演讲提纲）。”

竞聘演讲时紧张怎么破？三招助你轻松应对。

第一招：礼物心态解救紧张的你。

当你竞聘的时候，如果只想着自己涨工资和评职称的事，得失心太重，很难不紧张。换一个角度，你是去给公司送礼物的。因为你一旦竞聘上岗，将给公司带来更好的效益，给团队带来更多的发展机会，所以你的演讲是作为一份礼物送出去的，这样想，紧张的情绪就会缓解很多。

第二招：戳破忘词的尴尬。

如果现场真的忘词了，那么最有效的做法就是坦白自己的紧张。这种紧张，就像房间里的一头大象，如果大家都刻意假装看不到，就会很尴尬。你可以说：“我的天啊，我真是太紧张了，这会儿脑子一片空白，这比我去蹦极的时候还可怕。请允许我看下手卡啊。”

第三招：带个手卡来应急。

准备一张明信片大小的白色手卡，把你要分享的内容提纲写上去。请注意：手卡只写提纲关键词！不要抄得密密麻麻的，那样你会习惯性地去读文字，流畅但没有感情，演讲效果会大打折扣。

场景 8　路演

现在不光有电影路演，也有项目路演。如果参加路演你要在很短的时间内让受众被你的内容吸引并认可它，这是一件很有挑战的事情，也非常考验演讲者的能力和水平。

我们根据具体的案例，来分析一下应该如何进行项目路演。

公司新项目其实还挺不容易说清楚的，但是只有 8 分钟，怎么办？

- **了解听众**

先了解你的讲述对象，因为听众是谁非常重要。

如果是讲给财务总监听，你可能要突出成本、性价比、财务收益；如果是讲给首席执行官听，你可能要强调未来的前景，着重讲为公司的长期发展目标提供的价值；如果是讲给客户听，你可能更需要告诉他们，你的项目给客户创造的价值是什么。

- **开个好头，引发关注**

8 分钟，几乎不可能把项目说清楚，但你可以开个好头，从项目能解决什么问题和其巨大的市场潜力开始说起。只要引起了对方的共鸣，即便由于时间关系，你没有讲清楚，对方也会和你再约时间，继续谈新项目的运作模式。

● 问题引入

把听众想知道的信息浓缩到使命、愿景、价值观中，尽量用四句话概括：卖什么？卖给谁？怎么卖？为什么卖？

也可以用问题将要表达的内容引入其中：我搜集了几个大家对我们这个项目比较关心的问题，我现在来一一解答。

● 演讲技巧的综合应用

你要介绍的项目像什么？可以打个比方，帮助客户理解你要讲的内容（打比方）。

聚焦在一个点上讲，把项目对客户最大的益处讲透（聚焦）。

如果涉及项目的适用场景，不妨给出具体场景，讲得具体些（具体化），而不是停留在抽象的概念中。

你需要对项目很熟悉，你还要有一些激情。想象一下，你介绍项目时，眼睛会不会放光？你状态的好坏决定了你的演讲对听众的感染力的强弱。你能否让听众感到，你真心认为这是个好项目，是一个值得推广的项目（真诚）？

一定不要忘记说出自己的目标。你介绍新项目给客户是希望他有一个新的认知，是希望他做决定，还是希望他采取什么样的行动？一定要把目标讲出来（演讲目标）。而且，在 8 分钟内，你可以多次重复和强调这个目标（重复、强调）。

也可以讲一个关于项目研发的故事（讲故事），让听众了解项目背后的故事，这更容易让听众产生信任感。

在演讲开场的时候，不妨找个听众熟悉的事物做“坡道”，这样更容易拉近你与听众的距离。

● 痛点—市场—优势

从成交的角度讲，对一大群人做分享的效果，比不上一对一的私下交流，所以这 8 分钟应该分为 3 部分：

第一部分，用 3 分钟主讲这个项目可以解决目前某些行业的哪些痛点；

第二部分，再用 3 分钟主讲这个项目能在未来创造多大的市场；

第三部分，用 2 分钟的时间把这个项目的优势展现出来，吸引听众的关注，为下一次深入沟通做铺垫。

● 谈其所需

谈其所需是把内容分类，介绍完分类后，着重介绍一个重点，留下悬念，引发听众的好奇心。强调送出的礼物，一再表明新项目可以给听众带来的价值。

● 展示信心

有的时候，跟别人说什么不重要，重要的是你传达的信心以及你给对方的感受。

在准备演讲时，自己对这个新项目是否满怀期待，是否做了充分的准备，是否对项目内容了然于心，也许更重要。

8 分钟讲 1 ~ 2 个重点，说清楚、说明白，结尾时总结讲过的信息，就足够了。

训练课题

（1）朋友问你，你现在的创业项目主要做什么。如果你想让他们肯定你做的事情，应该怎么办？

（2）在资源对接活动上，怎样在30秒内，通过自我介绍，给大家留下深刻印象。

场景9 销售

销售并不是一个简单的工作，销售有非常多学问，学会演讲的技巧会对你的销售有很大的帮助。

例如，在朋友的小型聚餐、聚会场景，怎样把合适的产品推荐给他们，并让他们有兴趣进一步了解。

● 多说“你”，少说“我”

销售的原则是让客户觉得自己需要这个产品，而不是你要销售这个产品。

在介绍你的产品的过程中，请坚持一个沟通原则：多说“你”，少说“我”。当你的演讲从客户的角度出发时，要让他们知道你才和他们是一边的，这样更容易得到他们的认可。

你和一群好友聚会时，想推销一款口红雨衣。

你在社交群里发聚会邀请时写明：为保证秀色可餐的聚会氛围，特别强调，淡妆出行，期待美美的你！这可以为讨论口红雨衣打下伏笔。

聚会现场，女人们开始喝茶、喝咖啡，多多少少，口红印会留在杯子上。

这个时候就是你开口的最佳时机。“亲爱的，你们看一下，你的口红印是不是留在杯子上了？每次就算特别小心也还是不能避免，你是不是挺烦的？前两天，我看了篇文章说‘在社交礼仪中，把口红印留在杯子上是一种不礼貌的表现。不让口红沾杯，或者及时小心擦拭掉口红印，是女人修养的表现’。所以啊，你们有没有想过要一支不会留印子的口红呢？”

这时，你把自己的杯子转个方向给大家看，没有口红印的干净杯子呈现了出来。你可以在此时向大家发问：“为啥我的口红没留印子呢？来，给大家分享一个我最近买到的好东西——口红雨衣。简单地讲，就是在口红的外面穿一层雨衣，再也不怕口红印留在杯子上、蹭在衣服上了，再也不用频繁补口红了，真的超级好用。而且，你原来的口红也可以继续用，只是在你的口红外面再加涂一层防护就可以了。很方便吧？正好我包里带着呢，你们要不要试试看啊？”

让对方愿意试，是成功销售的第一步。

全程保持“多说‘你’，少说‘我’”，会更容易让大家接纳你，接纳你讲的话，接纳你推荐的产品。因此，不妨一试。

● 礼物心态

有本书提到销售人员面临的最大的心理障碍是不知该如何开口要价，特别是面对朋友的时候羞于谈钱。古语云：“君子喻于义，小人喻于利。”好像只要一谈钱，自己就容易变成小人。

要克服这种心理，只有你真正觉得这事儿对对方有用、有价值。如果你自己都觉得这个产品没什么用，或者你觉得它的价值没有那么大，那么我也不建议你把这个产品推销给别人。但如果你真的觉得它有用、有价值，就可以坦然地推销它。

客户参加了你们公司的“演讲实战班”，她觉得效果不错，她想做分销推荐朋友报课，又担心赚朋友的钱不合适，怎么让她坦然去做这件事？

提问开场：该实战班具体在哪些方面帮到你了（基于前期收到的反馈）？

举例呼应：我们有个学员也是这样的，学完演讲，演讲水平没提高多少（自嘲），沟通能力的提升倒是立竿见影，在原材料价格暴涨的情况下跟供应商沟通，供应商不但没涨价，还打了折。

鼓励推广，破除执念：讲话啰唆、理不清逻辑，确实影响着很多人的工作和生活，你这么做是在帮助别人，解决他们的问题。有一点分成只是从策略上引导和鼓励大家去帮助别人，这一点点钱只是公司想到的最好的鼓励方式（礼物心态）。其实如果你没有向朋友推荐课，她也可能在别处报班学习演讲和沟通。你把优秀的课程推荐给她，就是给她最大的帮助（升华）。

场景 10 汇报

向领导汇报工作进度，向老师汇报学习成果，是很常见的场景。汇报的方法也很多。

新入职的员工向领导汇报工作，说不到重点，怎么办？

- **了解听众**

向领导汇报工作，首先要知道领导的关注点是什么。很多新员工，甚至一些老员工，都可能并不真正清楚领导在关注什么。

● 聚焦

一次只说一个与自己工作相关的、对公司发展有价值的重点。

用“观点 + 解释 + 例子 + 观点”的框架进行汇报，根据规定的汇报时长来安排汇报内容的详略。

● 俄罗斯套娃法

新员工汇报工作，往往会介绍一堆无用的背景，直到老板失去耐心。要避免这种情况，最好用的一招就是俄罗斯套娃式的结论先行。

先说结论，然后根据老板的关注点展开讲解。比如：“老板，现在 A 项目恐怕不能如期完成，需要您出面跟 ×× 部的 × 总协调下资源。”在一般情况下，老板就会问具体需要协调哪些资源，此时你再把你的前情提要作为回答交给老板。

如果内容还是太多、太复杂，那就把结论像俄罗斯套娃一样，从大到小分成各个环节上的结论，越细节的越往后放，直到老板没有疑问为止。这样，你的老板会根据他对项目的掌握情况，优雅地选择在哪个套娃处结束这次汇报，然后帮你“干活”。

平时侃侃而谈，一遇到领导或权威人物就紧张得直打哆嗦，如何改善？

● 换位思考

你为什么紧张？你紧张的原因很可能是非常在乎老板的评价，这很正常。但话又说回来，老板也是人，他或许也想在你面前展示一个和蔼可亲的形象，给他个机会吧。

可以利用这个公式：冷静观察 + 诚心赞美 + 关心询问。

假如你的老板正在面带笑意地冲咖啡，你可以说："老板，今天气色不错，是不是有什么好事呀？"你冷静地观察到老板气色不错，赞美他气色很好，并关心地询问，想要共享喜悦。

- 了解听众

可能平时你就得下点功夫，了解你的领导或某些权威人物。他们在做什么事？他们关注什么？他们对什么事感兴趣？

了解这些的目的是谈其所需，方便你在其中找到对听众的价值。这样，你遇到他们的时候就没有那么紧张了，因为你清楚，你讲的话题他们感兴趣，甚至对他们有价值。

- 坦白

先从简单的打招呼问候开始，看着领导，如果领导说话，你就认真听，甚至做记录；如果领导没说话，真实表达你很紧张，自己说出来反而会轻松一点。你还可以问问领导，面对这种紧张的情况，他是否有好的建议或办法。

- 自嘲

"我一见自己特别尊重和佩服的人，就控制不了自己的情绪，就紧张得不会说话了。"当你这样诚实地表态后，你的紧张就会大大缓解。对方听了你的表白，也会哈哈一笑而过，气氛反而会轻松起来。

- 明确表达目的

为什么会紧张？找到原因再去突破。

和领导或权威人物进行交流的目的是什么？是给他们留下好印象，还是向他们请教问题？总之，不要没话找话地闲聊，那样多半不会给领导留下太好的印象，不如只是打个招呼。

和领导或权威人物交流，最好选择汇报工作或请教问题这类实质性的话题。你可以先陈述自己的观点，再进行请教探讨。这种时候，领导很少会拒绝。当你专注地投入某个话题时，你的紧张就会自然缓解。

训练课题

（1）老板让我汇报下我负责的项目的进度，可我表达得条理不清晰，没有重点，该怎么调整？

（2）如何在每周一的例会上汇报上一周的工作情况？

场景 11　融资

谈融资是非常重要的场合，这种时候，你的说话方式和技巧可能决定着谈判的成败。那么，在谈融资这样重大的场合里，你要为演讲做哪些准备呢？一起来看看下面这个案例的准备思路。

要去风投公司详谈了，我该怎么准备？

- **了解听众**

你了解这家风投公司吗？

该风投公司此前都投资过什么行业的公司？他们的总投资金额一般是多少？他们的资金是一次性到位还是分期到位？分几期？每次金额大概多少？你

的项目与此风投公司的投资喜好是否相符或是否有关联？

他们关注哪些内容？他们是更在意你的团队，更看重你的产品，还是会看你的数据？产品的哪些地方可能会打动他们？他们之前投资的公司都是什么样的公司？

你能为他们带来什么？他们的目标是什么？他们为什么要投资你的项目？

- 演讲目标

明确你的目标。你要去谈的是多大体量的投资？围绕这个数字，仔细想一想，你希望资金如何到位。你的项目能填补哪些社会空白？能解决什么问题？能满足什么需求？

你是只想向他们展示自己的项目非常好，还是想告诉他们："咱们一起干，有钱一起赚？"（礼物心态）

- 开个好头

开头的 5 句话非常重要。你要在一开口的时候就抓住大家的注意力。

你的项目可以解决实际需求，或者有独树一帜的方案，以这样的场景来开头，运用讲故事的技巧，把人带入这样的情境中，并以数字来佐证。不要一上来就讲这个项目有多好、有多先进，要让听众觉得这个项目有意义，因为投资的决定权在他们。

- 盈利模式

最重要的部分还是商业获利模式。你如何证明自己的模式可行？要把设计好的商业模式讲清楚，把相关要素都展示出来。但自说自话会很单调，你可以用类比和打比方的方式，展示与同行或竞争对手相比的优劣势。还有，你的团队是不是很强？因为有时间限制，所以与个性相关的具体展示很关键。

● 具体化

你能够怎样帮投资人达成目标？可以讲具体点。

他们为什么会投钱给你？他们凭什么相信你能够帮助他们？如果没有具体的办法或数据支撑，就很难让人信服。

目前该项目的经营状况如何？哪一部分领先同行业？领先多少？行业地位如何？

经营管理团队有什么特点？管理水平的背书能具体一些吗？

以此募集的资金主要用于哪些方面？资金到位会解决什么问题？

● 打比方

你演讲的内容他们能听懂吗？要知道，你研究领域的东西可能很专业，不是每个人都能听得懂。那么你有没有办法让 8 岁的孩子都能听明白呢？你可以尝试用打比方的方法，用大家熟悉的事物来解释你要讲的内容。

● 不说假话

用过往数据真实地呈现市场初步反馈。风投的分析师都是专家，夸大数据反而会让人感到你底气不足。你可以表达你的乐观，强调技术实力的加持，描述可以实现的愿景。

● PPT 辅助

准备一个精美的 PPT。版式要简单，风格要一致，字体要精心挑选。譬如，文艺范的可以用楷体、仿宋体，现代风则可以用黑体。一张 PPT 上只突出一个重点，围绕你的商业故事展开。

● 呼吁行动

千万别忘了，你的目的是争取投资。根据峰终定律，结尾给听众的体验和感觉，很可能覆盖整个演讲的印象。你准备一个有高潮的结尾，呼吁你的听众做出决定并采取行动。

● 保持热情

首先，让自己和随行人员保持热情。研究显示，对项目的专注和热情，是风投公司最看重的要素。

其次，是资料的准备，描述公司的现状，包括大数据、目标、计划、使命、愿景、价值观；展示公司团队的信念，准备对行业的前景份额、企业的独特之处的介绍；介绍国家政策和地方政策对行业的扶持情况；强调自己想要解决的社会问题，表明自己的初心；找出充分的案例和数据证明这个项目非常重要；对比自己和竞争对手的投入程度；阐明未来一年甚至多年的业绩目标，分析投入这个部门和项目与业绩指标的关系；分析现在投入的正面作用和不投入的负面影响；准备在遇到不懂的问题时做出的会和不会的两种回答方式。

最后，形成纸质资料或电子资料，多次演练甚至彩排。

训练课题

在公司财务收入不佳的时候，如何说服老板调剂人力、财力支持自己所在部门的主张和项目？

场景 12　讲解

当你接触一个新的产品、项目、领域或知识的时候，往往需要别人给你进行讲解。同样，很多时候你也需要给别人讲解。

应该怎样给客户讲解项目的具体内容？

- **综合运用演讲技巧，做好印象管理**

我们有过这样的咨询案例。我们帮助企业培训他们展厅的讲解员，使他们能够接待重要的客户。事实上，在讲解的过程中，本书讲到的所有的演讲技巧都用得上。

因为讲解是一个需要经过准备并认真地面对客户的过程，所以需要在前期运用各种各样的演讲技巧打磨自己的话术，为自己的讲解做好充足的准备。

最终要形成一个怎样的演讲目标？就像之前提到的，你要做的是你演讲以后对听众的“印象管理”，也就是说，你的讲解能给他留下的印象。

他听完你讲，回去以后讲给他的孩子、同事听的时候，他只会简短地说“我今天参加了一个会，听到了一个关于产品或服务的讲解”，他不可能转述更多的话，也不可能大篇幅地复述你所讲的内容，中间可能穿插几句金句、几个特别扣人心弦的点，或者是某一个让他觉得有意味的故事。因此，你就围绕这几点演讲即可。

- 了解客户：只有深入了解客户，才能发现客户的需求和痛点，知道如何从不同的角度切入项目的具体内容。
- 具体化：设置具体的场景，通过向客户描述项目如何在具体的场景中使用，让客户产生购买的欲望。

- 打比方：对于某些较难理解的项目，可以用打比方的技巧让客户迅速理解。
- 数字：在介绍项目时，可以运用数字让项目显得真实可信。
- 讲故事：可以通过讲故事的方式让项目生动并具有代入感，打造该项目的独特性。
- “痛、方、梦”：痛是指这个产品解决了客户哪些痛点；方是指有什么新的好方法；梦是指做这项事业的梦想和愿景是什么。

该如何教员工讲解公司、产品、盈利模式？

• 了解你的员工

员工很可能并不清楚公司的战略、市场地位、产品体系、盈利模式。要想办法将这些过于专业的内容拆解成好懂的“乐高”小积木，教会员工拼接方法。

让他们明白的关键是运用他们最熟悉的内容和语言，譬如所在的职位和所处流程节点的信息，以帮助他们理解、消化并重述。

• 打比方和类比是特别好用的工具

如果是生产线的员工，可以用生产流程来解释；如果是市场部的员工，可以用市场数据、业内排名、占有率等来进行类比。

• 讲故事

如果用生动且口语化的语言讲述公司发展的小故事，可以串起产品系列和战略定位。

千万要避免讲得特别高大上或辞藻堆砌，那样就算把讲稿都背下来，也讲不清楚，反而会起反效果。

场景 13　团建

之前有个热门话题，叫作“你为什么害怕参加团建”，我想这其中的原因与团建要面临的工作之外的人际交往的压力很有关系。有的人性格外向，幽默风趣，在人群中很受欢迎；而有的人则有很严重的社交恐惧，不知道该如何与别人打交道。

你很不想参加团建，但是又觉得不参加不妥。既然要硬着头皮参加，如何让自己大放异彩呢？

我身边有人能把故事、笑话讲得特别绘声绘色。对比之下，我讲得太平淡，没有感染力，大家听完没有反应。我怎么才能变成那种会讲故事的人呢？

你未必要变成那种人。

有句话叫“一直被模仿，从未被超越”。

一味地模仿别人，反而会让你失去自己的色彩。

绘声绘色是一种风格，平淡也是一种风格。

你可以想一想自己的目标。是展示自我？还是成为焦点？虽然你讲故事不行，但说不定你组织活动的能力很强，或者运动能力很强，这些也可以达成你展示自我的目标。

● 讲故事

开头不要说“我给你讲个故事”或者“我给你讲个笑话”，这样会提高听众的预期。但我们可以在内容中悄悄地用故事吸引听众的注意力。

把故事中的“事故”提前（前五句话里一定要“出事”），以此吸引人；故事要紧凑，并尽可能在其中设置意外、冲突、压力、悬念；讲笑话最好用自嘲、诙谐、风趣、幽默、段子这种方式；还可以采用具体化、打比方的表现手法，采用重复、强调和停顿保持节奏。

● 营造氛围

演讲最好可以一边演一边讲。在演讲过程中，营造气氛、增加听众代入感很重要。

想象一下，如果你讲故事的对象是个五六岁的孩子，你是不是要捏着嗓子学鸡叫，手舞足蹈地瞪着眼睛学狮子吼？

对故事里面的不同角色，你会用不同的音色来做区分吗？有了背景和情节的发展，你会情不自禁地用手势和身体语言来配合。在这个状态下，你的感染力就会有效提升。

● 日常积累

平时可以多看看网上有意思的相声、段子及搞笑短视频，把它们归类总结，内化成自己的幽默“数据库”，平时多回顾，在自我娱乐的同时，也会慢慢形成自己的“幽默基因”。

故事的感染力来自故事本身的张力。一般来说，故事要有人物、目标、阻碍、努力和结果这几个要素。

比如：

我，一个胖子，为了减肥，辞去了餐饮店的工作，因为在那里工作，实在诱惑太大。结果，我现在失业了，没钱买吃的，然后就瘦了。

这是一个基础的故事，还可以用好故事的几个特征来调整它。修改后如下。

我三个月前还是一个胖子，现在减了20斤，怎么做到的（悬念）？太难了！因为我在一个川菜馆工作，想减肥少吃，又要每天面临没法抗拒的美食诱惑（内心冲突）。为了减肥，我辞职了。然而接下来我再也没有找到新工作（意外）。我没有了收入，买不起吃的了（压力），就瘦了。我讲这个关于减肥的励志故事给你，是想问问，你能帮我介绍一份工作吗（意外）？

组织同事参与团建活动，说什么最能调动和活跃气氛？

● 幽默从自嘲开始

首先，自嘲以活跃气氛。

其次，说说同事无伤大雅、不为人知的趣事，要体现人物个性，故事内容要具体、独特、有细节。这些趣事最好是能增进彼此之间的感情、拉近彼此之间的关系的。

● 讲出独特故事

可先尝试“介绍一下各自最独特的人生经历”。多了解对方一点与众不同的故事和经历，就好像互相刷了一遍朋友圈。故事展示了自己的独特性，还让大家增进记忆，可谓一举多得。

● 提到听众

试着说一些和大家相关的事情，讲的时候看能不能和大家关联起来（多说“你”，少说“我”）；能否在大家关注的事情上，讲一些能让别人获得新知的内容（礼物心态）；能否让每个人都参与其中，说到大家的时候，尽量能具体说到每一个人（具体化）。

● 具体化描述

提前调动大家参与热情的最好的方法，就是让听众有充分的想象空间。运用具体化的方法，就是一种调动听众想象空间的办法。

> 这次团建，我们可以吃到“烤起来吡啦吡啦响”的烤全羊，可以围着篝火唱那些只有咱们一起唱才有感觉的歌。凉风吹着，但篝火暖暖的，围坐一圈，喝着啤酒吃着烤肉，最重要的是，咱们的部门经理还要表演“神秘节目”。这么有意思的团建，你们不来我就去邀请隔壁部门的小伙伴了啊。

在网上搜“36个问题”，你能搜到“36个问题了解一个人”“可以增进男女了解的36个问题”“答完居然会爱上对方的36个问题”，内容都差不多，你可以试着就这些问题与周围人交流一下。

其实好的问题远不止这些，多问如上触及心灵和个人观念的问题，可以增进彼此的了解，获得更多的信任与尊重。

我要落实公益活动的筹款活动，怎么说好？

● 了解听众—提问开头—明确目的—打比方

首先，要先确认参与团建的同事的基本情况，如年龄、性别、感兴趣的事情等。

其次，从简单的问题出发进行提问，引导大家说出各自对于公益筹款的看法，或者这类公益筹款对社会和个人的价值等。

然后，把本次公益筹款活动的目的与大家分享，强调本次筹款对于各位同事的影响。比如可以说，今天是咱们要帮助需要帮助的人，如果有一天咱们碰到类似的事情，同样也会得到别人的帮助。

最后，要是能打个比方，用大家熟悉的事物把本次公益筹款事项和达到的效果简单明了地说出来，就更能让大家明白本次筹款的意义。

● 以故事开头

以故事开头，说明为什么组织这个公益活动，再讲解公益活动的计划、针对什么群体、要达到什么效果、目前进展到哪一步、还需要做什么、希望听众提供什么支持，并描绘公益活动带来的价值。

● 以震撼的数字开头

首先，用震撼的数字开头，列举这一方面的重要数据及其带来的影响。

其次，举一个大家熟悉的或网上热议的事件，来详细剖析现实问题。

最后，列出此次公益活动的目标、意义及其给大家带来的直观感受。

- **不说假话**

首先，明确公益活动筹款的目的和目标，建个“坡道”切入正题，引起大家的重视。

其次，不说假话，用合作型语言让参加活动的人员了解活动的意义和筹款的必要性。

然后，用具体、类比的技巧陈述事实，并用重复、强调、停顿的手法控制节奏。

最后，表达筹款的目的，说出具体的筹款目标，号召大家积极参与并表达感谢。

- **具体化**

具体描述筹款成功后能产生哪些对社会、对大家息息相关的好处，让人心生向往。告诉大家这么好的公益活动，竟然每人只需要出一杯咖啡的钱就能落地实现，呼吁大家现场行动。

场景 14　邀约

邀请别人参加宴会，邀请别人加入你的团队，或者邀请朋友到自己家里聚餐，都需要发出邀约，什么样的邀约能取得最好的效果呢？

> 我认识别家公司有个员工特别优秀，我想让他加入我们公司，我该怎么办？

- **了解听众**

特别优秀的员工，往往有自己的职业发展规划，并不会单纯为了待遇等因素轻易换工作平台。

所以你需要了解对方的职场瓶颈在哪里，反观自己的公司能给对方的长期发展提供哪些有力的支持。当你能为对方的愿景助力的时候，你和那个优秀的员工就站在了一个支点上，可以共同撬动目标。

● 从听众出发

多从对方的角度去考虑、阐述问题，永远把自己和对方放在一边（合作型语言）。讲利益的时候多说“你”，讲风险的时候多说“咱”（多说“你”，少说“我”）。就算对方提出了与你不同的意见，也要先认可再补充（“Yes，and”）。

描述前景的时候要具体一些，而不是讲空泛的话语。尽可能少用形容词，要让人能够想到具体的画面。

● 帮助对方解决问题

第一，明确需求。尽可能多地了解这名员工的信息，了解他注重的是什么，想要的是什么，尽量满足他的个人需求。

第二，换位思考。如果这名员工不想跳槽，分析他的顾虑是什么，有无其他障碍，看是否可以帮他解决后顾之忧。

第三，把对方视为共同体，充分展示真诚。和他一起规划以后的职业发展及愿景，对方是可以感受到你的真心的。

第四，看看身边是否有其他资源可以借用，比如是否有共同的好友作为中介桥梁帮你劝说。

● 多方位展示

让他了解你公司所在行业的发展前景，你公司在行业的地位，你公司的人际关系、工作环境和氛围，表达你公司对他的欣赏、重视，规划他来你公司后的发展空间和前途，告知你公司能给他提供的福利待遇（愿景）。

- **邀约要勤**

对于优秀的人才，邀约不仅要真诚，而且要勤。

邀约不是简单的邀约，而是把自己团队的理念、价值观、目标、现状、风险等都摆出来，也要搞清楚对方的价值观、志趣、优势、劣势，一起探讨合作的可能性。

社交场景

场景 15　破冰

进入一个陌生的环境，有的人能够很快地和他人打成一片，有的人却总是哑口无言。如何快速破冰并融入新的环境？你也可以利用演讲的方法技巧。

去新公司报到，想和新同事快速熟络起来，该如何做自我介绍？

（问候）各位新同事大家好，我非常高兴加入咱们这个团队（建立连接）。看大家有的非常年轻，有的相当资深，或多或少都有些职场经验，我在传统生产制造业工作了 18 年，有一些工作经验，在此非常愿意与大家分享（礼物心态）。

我从最基础的跟单到国际贸易，到带领销售团队，再到销售、生产一肩挑的最高管理者，这一切都得益于我是个爱学习的人。“学而时习之”，学习就像一盏明灯，照耀着我前进的道路，并为我扫除一路障碍（打比方）。学习，并不只是学习书本知识，也包括向各个领域的高手请教，我非常幸运地一路上遇到很多“巨人”，站在他们的肩膀上，我少走了很多弯路。我也非常乐意在这个平台上向各位优秀的同事学习，希望与大家一起在我们这个领域帮助更多的人（发出号召）。

与刚认识的朋友聊天，对方提到的问题我不太懂，该怎么接话？

● 坦白

面对不懂的问题不要紧张，首先需要思考的是你接话的目的是什么。

如果你希望对方把你不懂的问题做进一步的解释，那么你可以运用演讲中不说假话的原则，坦陈自己某方面的知识不足，坦然地告诉对方你不太明白他所提出的问题，通过提问让对方进一步做出解释。你可以这样回答：“这个问题可真是难倒我了，我完全没听懂，你能不能详细地给我解释一下？”

还有一种情况是，对方提出的问题你虽然不懂，但你对此并不感兴趣，也不想弄懂，只是希望和刚认识的朋友有进一步的连接。这时你完全可以用自嘲的方式进行回应，然后聊一些日常容易互动的话题。比如你可以这样接话：你提的这个问题我从来就没弄懂过，这辈子也不打算弄懂了，咱们聊聊彼此的爱好怎么样？

在一个非正式的活动上，我想多认识一些新朋友，该怎么讲我自己的开场白呢？

● 明确说出目标

如果你的目的是认识新朋友，可以直接告诉大家："我希望今天能够认识更多的新朋友，欢迎大家加我微信。"

当你把自己的诉求更明确地表达出来的时候，会突破很多障碍。如果你没把自己的愿望说出来，可能不会有太多人肯去加你微信；但当你把自己的愿望明确地表述出来，大家会想："他都建议我去了，我待会就去加他微信。"所以目标就要明确地讲出来。

● 多说"你"，少说"我"

要多说一些对别人有价值的内容。比如像下面这样。

> 我是一个演讲教练，如果你需要演讲，我可以帮你打磨你的演讲稿。
>
> 如果你的小孩要在学校里演讲，我可以提前帮忙准备；你在单位述职汇报的时候也可以找我，我可以让你的述职汇报更精彩；如果你上台讲话之前觉得紧张，需要调整，我能帮你提升到很好的状态。所以我的微信二维码在这儿，待会有需要的都来加我的微信好不好？来，需要的举手我看一下，好，这几位朋友，待会我也会联系你们。

这样做就会显得非常直接。

● 寻求活动现场的一个共性

假如我是在重庆参加一个活动，那就可以讲："昨天晚上我在附近的火锅店吃到一顿我这辈子吃到最正宗、最好吃的麻辣火锅……"以这种大家都很有代入感的内容开场可以引起共鸣，因为大家可能都有这种感觉：对的，昨天我也去吃了一顿火锅。这种开场让别人觉得跟你交流起来会比较容易。

如果是一次偶发的活动，比如行业下午茶，你也要尽量寻找当时的一个场景，来寻找一个共性。在某个酒店你可以调侃自己说："这个酒店因为在市中心，我每次来的时候都很坎坷，不是找不到地铁站，就是开车迷路……"也可以说："这个酒店对我有重大意义，我结婚就是在这里……"这些大家看得到、感受得到的内容会让大家产生共鸣，觉得有参与感，这样更容易拉近你和对方的距离，降低对方与你的谈话门槛，别人就愿意和你交流。毕竟在陌生的场合，大家心里都有一些紧张，会寻找更容易交流的人展开谈话。

职场小白，刚进公司怎么和老员工打交道？

● 了解听众

进入陌生环境，首先要学会观察和倾听，这既是对对方的尊重，也是了解对方的过程。如果想快速破冰、融入新环境，要先仔细听别人讲，然后再表达自己的观点。

● 自我介绍

你需要思考自己和他人有哪些共同话题、自己能给大家提供哪些价值，在此基础上，提前准备一个简短的自我介绍，聚焦一个自己的闪光点。比如可以利用具体化的技巧介绍自己是一个虚心求教的人。

- 合作型语言

快速发现新环境中老员工的常用语和常说的话题，把握其语言特点，用相同或相似的语言和表达方式与对方沟通，实现语言同步。这样比较容易建立与他人一见如故的亲和力，为未来深入沟通打下基础。

场景 16　饭局

职场上总免不了需要应酬，特别是和客户吃饭，很容易出现各种状况和小插曲，掌握了好的方法，你才能在各种场合游刃有余。

和经理出去应酬，我总是不会找话题，说了两句就冷场，怎么办？

有的人在饭桌上侃侃而谈，左右逢源，有的人会比较木讷，我觉得这是人的常态。

既然是公事上的饭局，一定会谈到与工作相关的事情，你对工作上的这一块业务是否熟悉，这才是最重要的。至于你是不是能够左右逢源，我觉得这并不重要。如果你是对业务不熟悉而导致没话说，你的首要任务是回去熟悉业务，熟悉如何介绍自己的产品和服务，如何向客户提供价值。

我们一直强调，演讲的作用是给听众提供价值。如果只是和客户吃了饭、喝了酒、聊得挺热闹，这对于业务当然也有帮助，但只是辅助作用。

在工作应酬中，客户更关注你的产品和服务能带来哪些价值，这才是最核心的。

不用担心自己的个性不容易和别人畅谈，只要你总是在关注能给客户带来什么价值，即使你是一个不善言辞的人，也会成为这类工作社交场合最受欢迎的人。

学会提问 + 倾听，“隐形人”也能变身“社交人”。那个饭局上侃侃而谈的人，会被评为饭局之星；而那个懂得倾听、把讲话机会给了别人的人，才会和对方建立深度的连接。

● 学会提问

苏格拉底说：“人类最高级的智慧就是向自己或向别人提问。”

1. 提问前的准备：充分了解你的听众。

提问之前，通过各种渠道充分了解你的听众，年龄、专业、爱好、聚会目的分别是什么。只有对你的听众充分了解，你才能提出好问题。

2. 错误的提问方式：审问式、无聊式。

审问式示范：

> 在商务聚会上，对首次见面的客户，上来就问：“王小姐你好，我是沈雯。请问你多大了？有男朋友了吗？你们是怎么认识的？”这样的审问式提问，会让人感觉被冒犯，这是大忌。

无聊式示范：

> 在行业聚会上，看到落单的女士，前去搭讪：“你好，我是吴辽，今天天气还不错啊？呵呵。”这样的无聊问题，让别人难以接话。

3. 正确的提问：让听众感受到被看见和被尊重，从而愿意对你的提问做出回答和分享。

正确提问举例：

> 在会后的商业聚餐上，小李和客户张女士比肩而坐，他转过头轻声和张女士说："你好啊，张女士，我是小李。刚刚在会上听您发言真是受益匪浅，您的发言逻辑清晰、表达流畅。作为一个职场新人，一开会我就犯愁，特别想请教一下，要获得像您这样的会议呈现能力，我从哪些方面开始努力会比较好呢？"

这个提问中讲到对方刚才在会议上的表现，充分肯定和赞美了对方，同时向对方请教如何汇报工作这样的具体问题，大多数人都不会抗拒这样的提问。谈话也就由此开始了。

- **懂得倾听**

不是只有一刻不停地讲话才是沟通，要建立更有效的沟通，我们需要倾听、倾听、再倾听！你如果懂得张开耳朵，闭上嘴巴，将会得到更多有效沟通和成功的机会。

提问 + 倾听，帮你解决一切冷场问题，助力职场人有效社交，拿去试试吧。

- **可以谈的与不能谈的**

在工作应酬时要记住，一不谈政治，二不谈宗教；可以谈行业发展、子女教育、中年养生、兴趣爱好等。针对这些话题，每个话题都可以准备一两个容易让人记住的例子和故事。在需要接住客户和经理抛来的话题时，记得用上"Yes，and"，再用 PEEP 框架把它揉进讲话内容中。

● 充当记录者

如果搭不上话，你可以当一个“刻录机”，认真用脑子做好“笔记”，听懂字里行间的意思，关注客户的想法，挖掘真实的含义，回去给经理一个完美的纪要。

和老板招待客户，表达想法时他们没有给出回应，这时该怎么调整？

在这种情况下，你可能会有这种想法：我是不是人微言轻，他是不是没有听见，他是不是不知道该怎么回应？ 如果你判断对方可能是没有听见，那就在合适的时机再提及一次；如果你判断他不好回应，那么就要给他留一些时间，或者换一种方式再提问。

● 建立连接

可以简述并重复对方的观点，然后表述，“您刚才的意思是不是这样的……”，之后再表达自己的想法。

● 合作型语言

你有没有发现，专门请人整理成交话术，结果所有人说的都是同一套词，让客户觉得是经过统一培训的，瞬间就感觉被套路了？（建立连接，引发共鸣）

● 提问

你想不想每个人不背统一的词，还能有一套吸引客户的个性化话术呢？（封闭式问题）

● 礼物心态

“优而秀”的企业服务不是一两次培训课程，包含调研、课程定制、话术、流程文件、场景演练、展示汇报、内训师培养、知识梳理等多个模块。我们希望通过提升“演讲与表达”服务，解决实际问题，而不是千篇一律地复制。

基于更深的需求，我们与大家共创的内容才是符合实际需求的方案。

● 谈其所需

在做演讲的时候，我们有一个很核心的理念叫“谈其所需”，即你所谈论的内容是对方需要的，而不是你天马行空地在讲对方根本没有兴趣的东西。可以反思一下，你在和别人讲话的时候，是不是和对方在同样的话题里。你可以先尝试切入对方的话题，再开始自己的表达。

如果你本身就和他们在同一个话题内，那就要考虑是不是切入的时机不对，因为你可能打破了之前谈话的节奏。先停下来去关注对方在讨论什么，对方在以怎样的节奏讨论，然后找一个更合适的机会去表达自己的内容。

说到“谈其所需”，其实我们可以把它理解成两个层面：第一层是对方的需要是什么，你说的内容对对方有没有价值；第二层是对方在什么时间需要这些内容，这就是时机的问题。

● 借助热点，谈共同话题

多留意时事新闻，因为在谈论时事的时候，大家很容易去想“我今天看到了什么新闻”，从而切入一个大家共同关注的话题。你并不是为了转述一条新闻，而是借机吸引大家的注意力，便于提出你的观点和表达你想表达的内容。

场景 17 接待

接待是很常见的社交行为，如果让你去接待某一个人，你会如何做？

如果让你去接待某一个人，你会如何做？

● 了解对方

接待和演讲一样，了解接待对象和了解听众异曲同工。无论接待朋友、领导还是客户，我们首先要做的是了解对方，了解他们来访的目的、对方的人数、性别、身份、有没有禁忌的话题或行为、有没有忌口，以及近期发生的与他们相关的事情等。

● 看清自己

如果要接待的不是你的客户，而是你要帮领导、朋友、同事接待，还需要了解委托人的意图，是参观公司、了解公司、推荐产品，还是仅仅陪客户吃饭，这些都要尽可能地提前了解清楚。强调一点，目标清晰非常重要。这次接待要达成的目标就是我们演讲的主题和目标。

● 把控目标

秉承演讲中自我介绍的原则，我们寻求的是自己对来访者的价值，而不是自我炫耀，我们为来访者考虑得越周到，对方的感觉就会越好。人做决策往往出于感性，所以我们要在来访者的感觉上下功夫。来访前了解清楚，接待中细心周到、目标明确，来访者离开前用心准备礼物，来访者离开后，在合适的时间，比如第 2 天，把前一天的沟通总结发给对方，提醒客户进行下一步的动作，同时表达对来访者的尊重和谢意。

有领导要来公司视察，老板让我准备接待和介绍，我应该注意什么？

鉴于对方是领导，我们在接待前需要了解的信息就更多了，除了了解上题中的基础信息，做好基础的餐饮、住宿和交通安排，介绍的环节也要充分准备。

如果是会议的形式，场地、时间、环境、规则等都要提前准备。还要在会前积极沟通，了解领导的要求。如果有领导发言环节，要提前和领导达成共识，比如领导是先讲还是后讲、需要多长时间。跟领导充分沟通后，提前制定会议议程，把议程中重要的事情放在开头。如果有讨论环节，还要提前安排好回应，确保不冷场。

还有一个屡试不爽的小技巧，就是千万别浪费开会前领导已经到场但会议还没开始的那几分钟。提前了解领导近期的一些行程或最近发生的事情，用请教的口吻跟领导寒暄几句，这样做既不让领导感到无聊，也是你和领导进行社交互动的良好机会。

想一想如何激发客户的兴趣。接待工作可不是自己在那儿讲，把所有的事介绍完了就行，你的目标是让客户在你这里感到惊喜并愿意继续了解你的产品。所以你要为他营造惊喜，让他发现可能提出问题的、感兴趣的地方，然后和你进行深入探讨，进一步激发他的兴趣和好奇心。

Tips **小贴士**

有实物就多准备实物，没有实物就多准备照片；照片能打印出来就不要只是投在屏幕上；能多用实物照片的，就少用语言描述。语言表达是看不见的，所以要把看不见的想法变成看得见的图像，把看得见的图像变成摸得着的实物。

客户下午来公司拜访，我负责接待和讲解，应该做哪些准备？

● 了解客户

这在演讲中是了解听众的步骤。了解接待对象和了解听众异曲同工，了解对方来访的目的、对方的人数、性别、身份、有没有禁忌的话题或行为、有没有忌口，以及他们近期发生的事情等。有必要的话，还要了解来访客户近期和竞争公司的往来和沟通情况，做到知己知彼。

● 内部准备

公司内部也须做好相应准备，如接待场地、时间、环境、规则等，根据客户的情况做好必要的安排，比如预约会议室、提前摆放好要展示的产品、调试好会议室的音响和视频展示系统等。这也是我们演讲前需要准备的工作。

● 明确目标

要充分了解客户需求，了解公司对此次来访客户的要求和目标，并做充分准备，一切以目标为导向进行安排。

● 做好总结

这个环节一定要注意，无论有几个人展示、有没有领导或者客户发言。你作为负责讲解的人，相当于主持人，主持人要在接待结束时做好总结，才算给此次交流画上了一个完美的句点。一个好的会议总结不需要华丽的辞藻。本质上，一个好的会议总结就是口述会议纪要，因此你要在每个环节结束的时候做好总结和记录，最好提前准备会议记录表，至少标注出每个环节展示的重点。

要注意的是，不要在总结时表达个人想法，要表达与客户的共识。

- **共进晚餐**

如果希望和客户进行更多的交流，可以提前和领导沟通，在预算允许的情况下，演示结束后邀请客户共进晚餐，进行更深入的沟通交流，进而促成成交。

场景 18　救场

临时救场的事情，也并不少见。越是有影响力和公信力的人，越可能被拉去临时救场。这个时候，你学到的演讲技巧就可以派上用场了。

可以用下面几个预设的场景，进行相应的练习。

在一个非正式的宴会场合，突然被叫上台致辞，如何在十秒之内打好即兴演讲框架和腹稿？

非正式的宴会场合，可能是聚会或会餐，能突然被叫上台致辞，你一定也是一个平时表现突出的人，至少运气极佳。走上台的十秒里，也只能打个发言框架。有以下几个角度供你参考。

- **聚会的目的**

是什么把大家聚集在这里的?

- **你的感受和你的观察**

注意，这就是你在寻求和其他人的连接。你可以把在场的一些代表人物点出名字来，互动性会很高。

● 你特别的收获

总结自己的收获并对相关方表示感谢。

举个例子，在毕业十年聚会上，你被要求讲话。假设你曾经担任班干部，那就从这里开始。

串场：我从来没有这样的运气，跟中彩票一样，这么多人前呼后拥地鼓励我来讲几句。当年当班干部也不用干这发言的工作啊。

目的：咱都毕业十年了，各自奋斗奔波，遍布全球，聚到一起，大概就跟当年能考到一个班级一样有缘分。

观察：我自己已经为这次聚会激动了好久，一直期待见到各位，而不是朋友圈里的照片，啊，是“照骗”。那我刚刚也观察了下，张三来得最早，给每个同学都打了招呼，不愧当年“交际草”的名号；李四，是吧，皮鞋锃亮，形象管理最佳；还有谁……

收获：我有那么一瞬间，感觉时间未曾逝去，我们依然在校园里。没有利益关联，只有单纯的同学聊天，互相都特别的亲切。

感谢：让我们感谢辛苦的筹备组、联络员，把天南地北的同学们召唤到这里。相信你们和我一样，穿越在青春和回忆里。

召唤行动：让我们举杯，致过往的青春，还有今天“归来仍是少年”的我们！

和领导一起参加活动，领导临时被邀请要说几句，10 分钟内要帮他列好讲话要点，怎么办？

领导要讲话，让你帮他列要点，说明领导心里也挺慌的。但是你要相信，领导毕竟是领导，他一定也有自己的主意。这个时候你给他列要点，更主要的作用是给他一个参考和补充。他可能心中有粗略的设想，但是担心自己讲得还不够全面，所以让你也给他一些建议。

第一，你不要过于紧张，觉得如果领导讲不好就是自己的责任。你尽可能地去给他提供参谋意见即可。

第二，你要知道他要讲多长时间。这种临时通知的演讲，一般不会要求演讲时间特别长，所以列出的要点不要超过三个，最好一两个。这个时候，你可以迅速调用曾经学的演讲技能来应对。判断听众是谁，我们要讲的事情和听众有什么关系，他们有什么需求，他们有什么共同点，我们和他们之间是什么关系。把我们对听众可能有价值的事情迅速地拎出来，这是一种提炼要点的方式。

第三，迅速地讲一些故事。提示领导我们企业最近发生的值得讲一讲的事件，就把这一个故事讲好即可。提出一个可以让听众思考互动的问题，开一个好头。

场景 19　主持

公司让我主持年会，但我没什么主持经验，我该怎么准备？

● 好心态

太好了！你之前没有经验，说明不用担心受旧思路的约束，不如就广开脑洞，争取做一个大不一样的年会吧！

公司让你来主持年会，必然有他们的考虑。发挥出公司看中你的优势，如果你平常很风趣，那可以考虑表演脱口秀；如果你比较阳光帅气，或许可趁此机会，给自己找个搭档，集思广益，互帮互助。

同时还要了解你可以发挥的时间及场地。外部因素会影响整体效果。

- **坦白**

找行政人员或领导坦白你在这方面没有经验，并邀请他们加入或提供建议。

- **了解听众**

了解一下听众（公司人员、供应商、甲方），回想他们今年有哪些与公司相关的记忆深刻的故事。

- **目标**

你需要找领导确认年会目标。也许是激励员工，也许是展示成果，还可能是召集客户。

- **时间**

不但要注意年会的整体时间，而且要关注其中每个环节的时间占比，例如领导发言、演出节目、来宾互动等。

- **彩排与烘托**

你还要参考往年公司年会流程，回顾宣传报道，提前到现场做彩排练习和调整，提前让关系好的同事与你模拟互动。

场景 20　大场面

一般人很少会遇到需要演讲的大场面，但是政要、企业家等，经常会经历大场面。虽然他们对此已经司空见惯，但并不代表所有人都能表现得从容淡定。

如果你真的要面对几百人、上千人的大场面，你要怎么开展你的演讲呢？可以好好学习一下演讲的技巧，有备无患。

面对几百人、上千人的大场面，我都不敢站到台上去，该怎么办？

- **接纳紧张**

你可以选择自己走上去，或者让人抬你上去。

最坏的结果就是你在几百人、上千人面前丢人现眼。但你要清楚一点，紧张的表现，包括语无伦次、说不出话、忘词、大汗淋漓、哆嗦等，都不会让你丢人现眼。因为听众对于紧张的体会是能感同身受并可以谅解。真正丢人现眼的，是当众撒谎和浪费听众的时间。

来，做个选择题，同样是站在一块平坦的地上，你更愿意：

- □ A. 站在演讲台上；
- □ B. 站在悬崖边上。

选 A 的，请上台。选 B 的，请把演讲台当作悬崖。

事实上，演讲台比悬崖安全多了。

对于我们普通人来说，能站到有几百人、几千人的场面上发言，这种机会并不多。这是我们人生中难得的履历，当然值得鼓起勇气去做到最好！它也是我们可以拿回家向后辈显摆的一件事情。即使这个过程充满窘迫，它也是我们人生中难得的体验和故事。

● 礼物心态

不管多大的场面，都要考虑你讲的内容对听众的价值。你相信自己讲的内容对听众有价值，就不会那么紧张了。

你在台下也要做演练，当你演练得足够熟练、尽可能接近上台的真实状态后，你就会得心应手。

● 真诚是克服紧张的关键

如果实在太紧张，你可以把你的紧张说出来。这有三个好处，一是降低了听众对你的期望值；二是调整了你的演讲节奏；三是让大家觉得你很真诚。

真诚，不仅能够拉近和听众的距离，也能向内作用，让自己以更放松的状态表达自己。

● 了解听众

几个人、几十个人和几百人、上千人的现场，对演讲者来说有什么区别？

无论听众有多少，他们都会有群体特征。了解你的听众清单，包括他们的年龄、职业、教育水平、婚姻状况、有没有孩子，这些都会对你的演讲有帮助。

上台紧张很正常，大部分人都会紧张。那些游刃有余的少数人，也是经过无数次的练习才做到游刃有余的。我们不需要过于追求完美，只需要在能力范围内多找人预演几遍。

而且心理学上讲，适度的紧张是有帮助的，也许可以让你在舞台上的表现更具有创造力。

● 其实听众最在乎的是他自己

站在台上的人是谁、说了什么，大多数听众并不是很在意。你说得好，听众会给你掌声；说得不好，听众也不会记得你是谁。

所以放松心态，按照准备的内容大胆地讲就好。

● 聚焦演讲目标

再次确认你即将发表演讲的内容是对听众具有价值的，是他们需要的。

想象他们接受了你的观点后，会有什么样的感受，会采取什么行动，采取行动后会解决什么问题，会带来什么改变，会有什么受益，会呈现怎样的状态……

然后，你就带着这些美好的想象，带着让他们认同你的观点的目标，带着一点点的忐忑，以“一切为了听众好”的状态，愉快地上台开始你的演讲。

通用场景

场景 21　分享

随着互联网的迅猛发展，人人都可成为自媒体，人人都乐于分享自己的生活，特别是一些美妆、穿搭和科技博主，会分享很多好内容。你也会做如此分享吗？你是“按头安利”型，还是循循善诱型呢？

怎样介绍一本书？

● 找到目标，拆解模仿

先问问自己，你分享的目标是什么，再来琢磨该怎么讲书。毕竟目标不同，方法当然也会有所不同。

为什么樊登讲书大家都爱听？其实，樊登讲书时综合使用了各种即兴演讲的技巧。比如，合作型语言、讲故事、具体化、打比方、幽默等。你可以去试着多拆解优秀的讲书文稿，然后不断地模仿和练习，在不断摸索中，你也会拥有自己独特的讲书风格。

● 从听众出发

你要把书讲给谁听？是专业人士还是各种人群都有？他们多大年龄、有什么爱好、学历如何、工作如何？你需要先了解听众，了解他们的喜好和基础。

● 明确目的

你期望听众听完你的讲书以后，会采取什么样的行动？或者他将做什么样的决定、你想让他得到哪些新知？明确分享目的，你才能在一本书中找到要分享的重点。

● 抓住主题和脉络

在认真读过一本书后，要先快速找到该书的核心主题。从书的序言和荐书稿中可以看到作者与荐书人对书的高度概括。按照书的脉络与核心思想，把书中的案例通过讲故事的方式讲出来。

● 讲故事

可以把书中有趣的故事讲出来，这样会增加你介绍书的趣味性；也可以讲你身边的故事，或者大家身边的故事，凡是能够印证书中观点的故事都能讲。

先讲最吸引人的部分，这样便于你抓住听众的注意力。

● 打比方

遇到难懂的术语，多用打比方。用打比方的方法，向大家解释晦涩难懂的术语名词，会让你的介绍变得通俗易懂。不仅是术语，很多你想让大家感受到的信息，比如这本书的价值、作者的地位等，都可以用打比方的方式向大家介绍。

● 放轻松

不必追求完美。讲书，可以像和朋友聊天一样，不要背诵书面的逐字稿，理清书的框架和观点，把观点讲清楚，把故事讲生动，就算忘词也没关系，看看提词卡再继续讲。

训练课题

（1）在和客户一起开项目讨论会时，我正在记录会议内容并忙着会务杂事，老板突然让我即兴表达对他们正在讨论的话题的看法，我突然脑子一片空白。怎么办？

（2）参加学习活动，怎样总结回顾刚刚学习的内容才能有自己的思考和见解、举一反三？

场景 22　感谢

人的一生中有两句话一定要说，那就是“对不起”和“谢谢”。作为社会中的一分子，人们总会和他人产生牵连。得到他人的帮助后，要如何表达自己的感谢呢？

在演讲中有什么更好的表达感谢的方法？

● 说出来

别吝惜对别人的赞美和感谢，要乐于给别人点赞。

不久前，五顿教练发现了一个特别好的能够让自己心情愉悦的方式，就是给所有曾经服务自己的快递小哥、滴滴司机点赞和 5 星好评。这样做其实对他们来讲很重要，而我们往往会忽略这个步骤。

送人玫瑰，手有余香。当你真诚地对别人给予好评时，自己心里也会很开心。

● 送礼物

你也可以给别人一个礼物表示感谢。这个礼物未必是实物，一句夸奖、一个建议、一条有用的信息、一个灵感，都是可以表达感谢的礼物。

● 具体

表扬别人和夸奖别人的时候，除了说“好”，还要说出：

好在哪儿？

为什么好？

有哪些好的影响？

你具体在什么地方给了我帮助？

这件事情能够带给我哪些感受？

说得越具体，感谢就显得越真诚，而且越能让被感谢的那个人感觉到自己的价值和贡献，这就是很多人常说的“二级反馈”。

- 打比方

表达感谢的比方不胜枚举，雪中送炭、桃花潭水、千里送鹅毛……

- 讲故事

一个好的故事要有压力、冲突、悬念、意外，一个好的故事可以直击人的内心。用故事来描述自己想要感谢的事件和人物，往往更生动。

社群周年庆上，我作为发起人，想感谢大家的支持并活跃现场气氛，该怎么发言？

- 具体化

具体提到更多的社群伙伴，能让更多的人感受到自我价值感和参与感。

当你具体化地提到更多社群伙伴时，他们也会更积极地参与互动，一起活跃现场气氛。

- 过去与未来

首先，感谢和肯定社群各位伙伴的付出，要具体点到个人或者小社群的名称（给他们被点亮的欢喜），因为每一位听众都希望被看到。

其次，总结过去一年的不容易，讲讲大家都是通过怎样的方式度过的，可以点几个核心人员和他们处理危机事件或者棘手事件的具体细节。

最后，对社群未来的发展做畅想和祝福。

场景 23　说服

表达自己的观点并让他人接受和认可，并不是一件容易的事情，你需要说服他人，而且要有理有据。

其他部门在招人，我想转过去做新的产品，现在的部门经理不想让我去，我该怎么说服他？

● 谈其所需

不仅要考虑调动部门对自己发展的好处，更要考虑你的部门经理需要什么。

可以尝试和他做个分析，告诉他你到了另一个部门，会对原部门有哪些好处，比如在业务合作、拓展上，可能会更融洽、更便捷。

提前做好自己走后的预设，比如你目前的工作可由谁接手、这个人胜任的原因。

这就是谈其所需，因为你的经理可能担心没有合适的人选接替你的工作。你设想得越具体，越能让经理感受到你已经对换部门后可能发生的状况有了比较充分的预测。这有两个作用，第一，表明了你的决心；第二，表明你充分周到地替部门经理考虑了他的实际需要，提出了很完善的方案，而不是把这个问题甩给他。

如果你能针对他担心的问题提供一个让他放心的解决方案，我相信他会更愿意考虑你的个人发展。

● 照顾面子

“你不愿意待在我的部门，是另一个部门更有吸引力吗？”领导会不会感到没有面子？

面子是老派的说法，在日常表达中，人们更注重舒服。舒服，是一个比面子更大的概念，没有面子就不会舒服。

上文反复强调要用合作型语言，而不是冲突型语言，就是因为合作型语言会让人舒服。

当然要考虑面子的问题，而且是从心底里去感谢和接受过去部门积极的一面，尽量不让别人感到不舒服，具体方法如下。

第一，合作而不是对抗。要用合作型语言，多考虑对方的需求。

第二，少说“不”这样绝对化的字眼，比如“不行”“我不同意”，换以委婉的方式。

第三，不要武断地猜测或臆断别人的想法，比如“你肯定会觉得……”“你肯定会反对”“我这样说你肯定不会同意”。当你断定别人的想法的时候，你可能就是武断的。多用商量和合作型语言去沟通，彼此会更舒服。

时间管理不合理，导致你的朋友总是熬夜赶工作，你打算怎么劝他？

● 具体化 + 打比方

去驾校学习的时候，学理论知识是第一件事情，领驾照是最后一件事情。我们通常会看到驾校大厅里摆满了各种惨烈的交通事故照片，还会播放一些交通事故的视频，它起的作用是警示。同样，你可以用一些具体的事例劝说他，用交通事故打比方，让他意识到熬夜对健康的损害。

● 送礼物

给他一些具体的、避免熬夜的办法，把这些解决办法作为礼物送给他，比如买一门关于时间管理的课程送给他、给他一个时间管理控制表，或者真正地陪伴他，督促他早一点做完事情，早一点睡觉，这些实际的行为都是温暖而有用的。

● 学会提问，进行引导

可以先询问他对于自己总是熬夜有怎样的感觉，相信他也会深受睡眠不足的困扰，这个时候可以引导他来反观这件事，和他一起找到熬夜赶工的原因，让他发现这是他时间管理不合理导致的。

● 给出可执行的建议

发现原因不是目的，目的是帮助他改变熬夜的习惯。你可以提前学习时间管理的具体可行的方法，在他意识到这个问题后，给他提出相应的建议。这时候，他会很愿意接受并实践。

你只想做与本专业相关的工作，父母却非要让你考公务员，怎样才能说服他们？

人生总是要有选择的，而选择就意味着可能放弃一些机会。按理说，作为成年人，你完全有权利做出自己的选择，但和父母沟通时，你不应只告诉他们你的决定，也不应和父母展开一场辩论赛来分出输赢。

我更倾向于把这个问题换一种问法："我应该怎么跟他们进行更有质量的、会让彼此更亲近而不至于因为这件事情争执的沟通？"你可以这样说："我知道你们为我殚精竭虑，我也知道考公务员的好处，我说说我自己的选择有哪些好处。它可能给我带来更大的成就感、幸福感和快乐感……当然，我也清楚这种选择面临哪些风险和问题。"

我希望你们通过沟通建立良好的关系。父母能够和你通过沟通，获得关于你对未来的认知，并能与你达成共识。无论未来发生了什么样的事情，是顺利还是面对风险，大家都能够一如既往地共同面对，这才是一个好的亲子关系。

场景 24 尴尬

生活中难免会遇到一些尴尬的状况，我们针对具体场景探讨一下如何应对尴尬状况。

我演讲时看到听众都在刷手机，没人看我。如何缓解尴尬，吸引听众的注意力？

- 自嘲是一个不错的办法

你可以在演讲中停顿几秒，然后一本正经地对听众说："我有一个特异功能，各大互联网公司都抢着挖我，因为我有能力让身边的人爱上刷手机。但是，如果我的特异功能可以进化成让身边的人刷某一个 App，那我就实现财富自由了。"

除了无厘头的自嘲（表示自己有让人不知不觉看手机的超能力），还可以结合自己的演讲内容即兴自嘲一下。

假如你在讲环保话题，你可以说："我注意到，现场的大部分人已经迫不及待地拿出手机，在看自己能为环保做点什么了。你们真是行动派，相信环保事业有各位的加入会更上一层楼。"

假如你在讲读书话题，你可以说："我发现现场的很多听众都已经开始拿出手机，查阅自己感兴趣的书了，这真是太棒了！"

假如你在讲自己公司的产品，你可以说："我发现已经有很多听众开始查阅我们公司的资料了，这真是太棒了！"

临场自嘲公式："我发现……已经开始拿出手机查阅……想要了解……，这真是太棒了”“相信……（演讲的目标）会更好地实现。”

● 根据演讲的场合与听众进行互动

你演讲的场合有多大？听众与你熟悉吗？

如果是小场子，里面有相熟的人，那么你可以直接叫他们的名字与之互动；如果是较大的场子，可以直接说，来个小游戏让大家提提神。现代人能集中注意力的时间在缩短，你可以随机提问前面讲过的、简单到几乎任何人都可以答对的问题，答对了有礼物；或者让大家现场拍照发朋友圈，点赞最多的有礼物。这都是可以操作的办法。

● 停顿、自嘲、反思、互动

当你停顿十几秒的时候，观众一般就会把注意力放回舞台上。因为每个人都有好奇心，当会场突然安静下来的时候，大家会把目光再次汇集到舞台上，除非他玩手机玩得特别着迷。

当听众把注意力再次集中到你身上的时候，你需要说一些话语来戳破现场的这种尴尬。比如，“你们看手机看累了的时候，其实也可以考虑看一下我”。

听众注意力分散，也许是你讲的内容对听众没有价值，或者是听众没有收到你想要送给他的那份“礼物”，所以你要反思怎样把后面的内容更好地呈现给听众。

现场的实时互动，比如提问、游戏等，可以让听众更有参与感。

● 劳逸结合

可能只是演讲持续的时间太长了，大家需要休息一下。这时候可以给他们一点自由活动的时间。

● 峰值体验

如果把演讲比作电影，峰值体验就是观众拍手欢呼的时刻。多打造一些这样的时刻“点亮”听众，比如讲一个大家不知道的冷知识，讲一个惊人的新发现，等等。

● 增加互动

要提出有质量的问题，尽管听众可能不会有很大的表情反应，但要相信他们内心在思考，会激情澎湃。从简单问题（封闭式问题）到略需思考的问题（开放式问题），一组精心设计的有意思的问题，可以让听众跟着你铺的思考“坡道”参与你的演讲。

训练课题

演讲现场跟观众互动时，绝大多数观众很配合，但突然有人故意唱反调，声音很大，场面很尴尬，该怎么破解？

场景 25　鼓舞

很多时候，一个人的自信心来自别人的鼓励和肯定，多给别人鼓励，多给团队鼓舞，能有效提高他人和团队的工作效率。

公司业绩不好，大家士气低落，你想给大家“打打气”，怎么说比较好？

● 提前准备

作为领导，你可能需要在这次鼓舞讲话之前有一些针对不同人的谈话，尤其是和关键员工交换想法。了解听众，鼓舞才更加到位。

要分析业绩不好的原因。是活动人数少，还是人均拜访量不够？是有效拜访少，还是人均业绩低？

● 坦诚面对

在这次鼓舞谈话的开头，你既可以坦诚地讲出公司所面临的困境，并在接下来的谈话中谈谈鼓舞士气的目标；还可以提出与现状相关且值得大家思考的、能启发大家思路的问题。

历史上有很多打过败仗的胜利之师，也有很多从低谷中走向辉煌的企业……你可以用那些事迹来鼓舞士气。讲述你或别人曾经带领团队从低谷中走出来的故事，让大家知道你的经验与决心。

● 目标具体化

鼓舞士气也是有目标的，可能是奔赴寻找客户的一线，可能是提高工作的效能，还可能是提出新的创意……建议你把目标明确为大家可以采取的具体行动。

鼓舞士气，不能太空泛，要针对具体问题进行具体分析，尤其重要的是其中的观念和举措。

针对相关环节出现的问题，提出解决问题的（具体）方法：请先进员工做分享、传授经验；对相关人员进行培训，提升他们的技能；工作整改；出台配套措施。

告诉责任人接下来具体怎么做，要达到什么样的目标；同时，要制定奖励措施，承诺将给予达成目标的员工的好处，最后发出号召。

● 合作型语言

士气低落，无非是工资奖金少或发展前景渺茫，这背后其实都是安全感不足。

所以，你需要使用合作型语言，让大家走到公司主人的角色位置上，让大家一起当家做主。在沟通时，你可以主动把大家的顾虑点破，让团队参与头脑风暴，共创前景。

● 自嘲

司空见惯的画饼方式，同事们听得多了，边际效应就会变弱。

这个时候，也许剑走偏锋，试试自嘲，说不定可以在沉闷中划出一点欢乐来："至少咱们没有失业。"

● 横向对比

业绩不好也许相当一部分原因来自市场、行业的影响，要让员工觉得在同等状况下，自己内心的坚持更重要。

> "我们的业绩不太好，从数字上看，业绩同比跌了一半。你们觉得心情灰暗吧？但我了解了一下整个行业和兄弟公司的数字，发现和我们差不多，咱们在业界还维持着原来的排名，并没有下降。这就是说，哪个公司坚持不住就会掉队。咱咬咬牙，扛一扛，拼下去一个对手，咱就多占一份市场，所以，现在就靠咱们携手一起拼搏了！"

月初设定的目标，但执行偏差比较大，怎么提振员工的热情和行动力，去达成目标？

● 审视问题

目标没达成的原因是不是可以被归纳为“员工热情和行动力不足”？

其中，目标没达成是事实，热情和行动力不足是你的观点。用观点来判断一个人，势必会让对方反感，有哪些事实可以证明这个观点？

“迟到早退、工作失误多、每天布置的工作不能完成……”相比于鼓励，跟他们聊事实，从而解决这些现实的问题，更能够促进目标的达成。

但要想得到这些事实，就需要了解你的听众，多花些时间，去跟他们沟通。

● 接纳现状

用“Yes，and”的态度对待与期望不一致的事情，接纳结果，在此基础上寻求其他可能性。

如果是执行了，但是结果出现偏差，这可以强调“方向需要调整，但是执行力很不错”；如果是没执行，惯性就让偏差变大，就需要注意“此处有机遇”。

不执迷于现状，才能有各种尝试的自由。

● 直面尴尬

开头可以和大家讲：“是不是咱们对目标的理解是‘去荷兰’？我说的其实是‘去河南’，虽然咱们刚开始有点跑偏，但我们这是要弯道超车的节奏啊。”

● 从分析到措施

首先，了解月初计划是否合理（了解情况）；其次，召集主管人员分析偏差大的原因；然后，针对原因与各位主管人员商议整改措施和业务推动方案（具体）。

措施和方案包括确定每人每天的活动量，其中应该包括最低活动量，理论上多少有效活动量能出一单，每件单子的业绩应该提升到多少，如何提升。

最后，用合作型语言面对全员发表讲话，告诉团队离月初定下的目标具体偏差了多少；如实通报造成偏差的原因；公布与团队主管人员商议后的整改措施，以及政策倾斜、奖励方案；告诉大家跟上工作节奏，一定能完成任务目标，公司将采用“日报”形式进行目标追踪；鼓舞大家，“咱们一起努力，没有过不去的坎！最后的胜利一定属于我们”。

- 循序渐进

可选择以一些小型聚会的方式和员工促膝而谈，从他们感兴趣的话题入手，循序渐进地分析公司面临的困难，鼓励大家积极建言献策。找意愿强的员工互动，并表态团队的力量是巨大的，相信只要大家努力，一定能成功。

- 审视激励机制

热情是什么？热情是“如果你完成了目标，你会得到什么回馈”的精神感召。所以，先想想目标完成后的物质和精神奖励吧。

- 优化量化方案

先总结已完成的任务，提炼出其中的优点进行表扬和鼓励，将剩余任务量化，分解到每日待办事项中，每天晚上对当天的任务进行总结、复盘。

对于当天完成任务的人员和超额完成任务的人员进行奖励或表扬，及时给予正面反馈和鼓励；对于未完成任务的人员，要对他们进行了解，找到他们的困难点，给予帮助，提升其信心。

● 演讲技巧综合运用

首先，你要了解大家为什么会出现执行偏差。

> 月初设定的目标是否合理？
>
> 每个人是否都清楚这个目标？
>
> 他们是否都有很强的执行意愿？
>
> 他们在执行的过程中遇到了什么困难？
>
> 工作方法是否正确？

在你演讲之前，首先需要了解这些情况（了解听众）。

其次，告诉大家达成这个目标的动机和好处，有时候这些动机是显而易见的，但也一定要把它说出来。因为说出来的过程，就是你为大家提供价值的过程（为听众提供价值或礼物心态）。

反省一下自己，在每次给大家讲话的时候，你有没有把设定的目标明确地讲出来？在你对大家做这份演讲时，要讲出你的目的：你希望大家完成的任务是什么，你希望大家采取什么行动（演讲目标）。你甚至可以多次重复这个目标（重复、强调）。

最后，沟通时多用合作型语言。对大家讲话时，你可以更多地使用“你”或“咱们”（多说“你”，少说“我”），把你和大家放在谈判桌的同一边，把问题摆在你们的对面。演讲的时候，你和听众之间不要隔有任何障碍物，一个杯子都不可以（避免物理隔离）。

场景 26 表态

32 岁还单身，不想将就，过年回家被长辈催婚，我该怎么和长辈们谈谈？

● 正面面对

遇到这样的“世纪难题”，只能把它当作一个过不去的坎儿，正面面对。

你要和长辈谈，首先要接受长辈的这个话题，而不是回避，一味地回避，只会让这个问题更加困扰你。

你可以正面告诉长辈们：“是的，我现在 32 岁了，还单身。但如果要结婚，您也一定希望我找到一个能让我幸福的人吧。假如我将就着找一个人草率地结了婚，将来日子过得不如意，到时候您也会难过吧。”

● 先梳理自己

这个问题要分析自己的心理，是自己崇尚单身生活，不想结婚，还是自己想结婚但目前还没有找到合适的对象。

不管是哪种状态，都遵从自己的心，多问自己想要什么。

● 具体化，让人放心

你可以从经济的角度出发，表明自己的生活状态和未来规划，让长辈不必担忧。比如现在你有多少存款，每个月收入多少，够不够自己花费和养老。

● 讲故事

可以讲讲那些因草率结婚而生活不幸福的案例，让家人明白结婚不是随随便便的事，得谨慎谨慎再谨慎。

● 牢记目标

你谈话的目标是什么呢？可能是你希望他们对你的近况有一个新的认知，还可能是希望他们支持你的想法，还可能是希望他们不再和你提这个话题。总之，在你的谈话中，不要忘了目标，并且要把它表达出来。

● 主动开口

与其被动地被催促，不如主动把问题谈开（如果你觉得这确实成了长辈的心事）："爸妈，我知道你们一直操心我的婚恋问题，咱们来聊聊吧……"

训练课题

会议中突然被点名要求谈谈对某件事情的看法，而我对这件事情还没了解清楚，又不想让领导觉得我没有见地，该怎么办？

场景27 道歉

人生在世，孰能无过？我们在生活中常常会犯大大小小的错误。知错能改，善莫大焉。向自己伤害过的人道歉，是必须有的态度。

工作中，事情办砸了，面对老板的指责，该如何应对？

● 不说假话

对于工作中搞砸的事，首先要坦诚自己的不足和错误。

● "Yes，and"

如果这件事给公司造成了严重损失，老板又比较情绪化，你就可以先用"Yes"（不说假话）使老板情绪稳定，再用"and"（具体化）把谈话引到解决问题的方向上去。当老板把注意力转移到事情本身上时，他的情绪就会稳定。

老板指责你，可能是因为情绪，更多的时候未必需要你的道歉，而是需要有一个更好的处理这件事情的办法。

● 具体化

此时，与其说道歉，不如把自己对问题的反思进行表达。态度很容易表达，反思和办法说得越具体越好，包括对自己工作失误原因的分析、工作改进措施，以及对未来的设想，越具体、越能落到实处越好。

我是开私房菜餐厅的，员工把给客人精心准备的菜上错桌了，我得马上去向顾客道歉，怎么说才好？

● 承认错误—说明事实—送礼物

道歉的原则是说客户想听的，而不是说你想说的。

（1）勇于承认错误。那种把责任推给上菜员，老板不承担责任的方式，不仅不会得到谅解，反而可能会进一步激怒客人。

（2）让客户看到事实。谁都会犯错，客户看到你们犯错后在积极处理问题，一般也不会对你太刁难。

（3）有舍有得，给出解决方案。比如主动把这道菜免单，顾客看到你的诚意，得到实惠，下回还会来，你就积攒了回头客。

沟通实例

先生、女士，你们好，我是这家餐厅的老板。实在不好意思，请各位谅解，刚刚我们服务员粗心，把这盘菜错端到你们桌上了，我看你们还没开始动筷子，就赶紧过来和你们打招呼，等一下请允许我把这盘菜端去 7 号桌。

当然，这样打扰二位就餐，实在是过意不去，为了弥补二位，我们特意准备了一份餐后甜品，甜品免单哈。希望二位度过一个美好的夜晚。谢谢啊！

生活中难免出现错误，把每一次危机公关，都看作一次赢得别人支持的机会。同样的处理方式，可以用在我们生活、工作的方方面面，记住：说别人想听的，而不是说你想说的；做别人想要的，而不是做你想做的。

● 从顾客的角度出发

从顾客的角度看，上错菜，可能是别人的菜被错上到我们桌上，也可能是把应该上到我们桌上的菜上到别人桌上了。

道歉时要站在顾客的角度上看待问题，要从他们的利益出发。比如后一种情况，本来应该上到这桌的菜上到了另外一桌，并且别人已经吃掉了，你觉得这桌的顾客会有什么样的想法？

此时顾客可能会想：第一，我想吃的菜什么时候能上，大概需要多长时间；第二，你打算怎样弥补你的错误。

● 满足客户的需求

第一，要承认自己的工作疏忽，不要试图用别的事情来掩盖，越掩盖，错误越多。

第二，要迅速地判断你面对的是一桌什么样的客人，如果他们在乎的是时间，你就要从时间的角度给他们道歉："耽误了您的时间，非常抱歉，我们会用最快的速度把没上的菜上齐"或者"如果您赶时间，实在等不及这道菜了，我们给您加价退菜"。

● 给客户面子

如果明显是有人在这里宴请一桌客人，那就不仅要向宴请的人道歉，而且要向他宴请的客人道歉，把责任都归到餐厅，把请客的那个人的责任撇开，让他觉得有面子。

你可以说："王总是我们的老主顾，也是我们非常尊贵的客人，我们今天犯了一个这么低级的错误，请王总一定要多给我们指导和批评，王总的客人，更是我们尊重的客人。"

从客户出发，从他们的需求出发。如果有人因为这个事情大喊大闹，注意，你要把他拉到自己一边，让他和你站在同一边，共同面对问题。你可以邀请他帮餐厅改进："我赞同您的意见，再次表示抱歉，也特别希望您能帮我们改进这个问题。"

这样一说，他立刻会消气，觉得你是认可和尊重他的。他可能会想：我发现了一个问题，我还能帮他们改进。

场景 28　仪式

在生活中，有很多具有仪式感的场合，如果你需要在这些场合发言，如何运用学到的演讲技巧呢？

好友结婚，我要代表朋友们在婚礼上讲话，说点什么好？

● 讲个故事

作为她的好友，你一定比较了解她的爱情故事或生活故事。这些事可能是糗事，可能只是发生在你们好友之间的事情。挑选其中一个合适的故事，在婚礼的场合讲出来，既表现出你和她的友谊，又能够让大家对她有更多的了解。注意，讲的故事要有点悬念，有点冲突，有点压力，有点意外。

● 打比方

你觉得你的好友像什么？这场婚礼像什么？他们的爱情像什么？你祝福他们像什么一样？这都是思路。

● 送礼物

婚礼上，除了祝福，还能送什么礼物？你可以在现场讲一个笑话；如果你已婚，你可以给他们一些非常现实的、有意义的建议；也可以给他们更多的鼓励，还有你对他们的认可和赞美，这些都属于礼物。如果你能在送出一个有意义的实物礼物的同时说出这些有意义的话，那就更好了。

我就是上例中的新郎，我在婚礼上说点什么好？

● 请个演讲教练

过去，新郎新娘在婚礼上一般都不太需要讲话，但现在越来越多的年轻人希望在婚礼这个重要的场合上许下自己的诺言，留下自己对美好时刻的感言。帮助新人打磨婚礼发言，也成为演讲教练们的一项工作。

● 把承诺当作认真准备的礼物

作为新郎，你在现场的发言是送给你的妻子和现场所有来宾的一份礼物。

无论是否使用演讲技巧，要保证自己说出来的每一句话都是真诚的，而且对于自己的承诺做了充分的考量和思想准备。

● 讲故事

越来越多的年轻人希望在自己的婚礼上讲讲自己的故事。每一段爱情都由很多美好的故事组成，你完全可以在你们过去所经历的事情当中，挑出两三个最具代表性的、能够表现你们如何走到一起的小故事。

● 具体一点

致辞的时候，可以表达对父母的感谢，对今后婚姻生活的向往，对参加婚礼的亲友的感谢。对重点想表达的内容，可以说得具体一些，比如婚后你承担家里的哪些具体事务，打算怎么对新娘好，谁买菜，谁做菜，做什么拿手菜，多放盐还是多放辣。

你说得越具体，大家就越会感觉你对对方的关爱是认真的、对未来生活的设想是认真的。

第一次去未来公婆（或岳父岳母）家吃饭，想给二老敬酒留下好印象，举杯时说点什么合适？

● 让对方父母感觉到你的礼貌、尊重，创造更多沟通的机会

跟演讲一样，你得清楚自己说话的目标是什么。

你希望他们在第一次听你讲话的时候留下什么样的印象、做出什么样的决

定、采取什么行动，或者对你有什么认知？

比如，你希望让对方家长觉得你是礼貌的、有教养的、有文化的；你可能也希望让他们感受到你和他们的孩子是亲密的、有爱的；你想让他们感到你对他们是尊重的，是希望他们支持你们在一起的。

不同的目标，决定了你的沟通内容不同。大多数时候，家长都希望更多地了解孩子的交往对象，但可能也会碍于面子不便多问。创造更多的与他们沟通的机会，会让他们知道你是一个很容易交流和沟通的孩子，是愿意敞开心扉来面对他们的孩子。

你可能就要说："阿姨，我叫 ××，我平常不是特别善于言辞，但是如果阿姨叔叔有什么问题，您都可以问我，我很愿意让叔叔阿姨多了解我。"这样是不是就挺好的？这种说法既把自己的个性表达了出来——我不是特别爱说话，也表达了自己的诚意——但是我很愿意跟你们交流我的情况。

● 越具体，越让人放心

举个例子，你说："阿姨，我一定好好爱小芳，疼她，对她好，一辈子守护着她，不离不弃。"这样的描述总给人一种不落地的感觉。

如果使用具体化技巧，你可以这样说："阿姨，我一定会对小芳好，家里饭我来做，不用她太劳累；我有两套房子，愿意把一套过户给小芳，做我们的婚房。"

你看，当你的内容更加丰满和具体时，是不是会让人安心得多？

● 坦诚是最好的技巧

你要坦诚，不说假话，因为任何假话都会成为日后的隐患。

赞美不要过火，否则对方父母会觉得你浮夸、油嘴滑舌、不靠谱。

场景 29 讨论

不管在生活中还是工作中，都需要协同合作，那么，对同一件事情进行讨论，就是非常常见的事情。

在讨论中如何发表自己的观点，如何掌握好节奏进程，让讨论高效且有价值呢？

此时不妨多使用演讲中的技巧。讨论中自己的观点就是“结论”，后面就是使用“论据”论证观点的过程。

• 了解参加讨论的人员结构

只有充分了解参会人员，才能更好地准备你的论据，进而对你的观点进行论证。比如参会人员中是否有领导，有多高级别的领导（关心部门的 KPI 或公司的长远发展），参会人员是否都是同龄人（是否有普遍认知差）等。

• 说出观点

可以简明扼要地表达自己的观点，让人清楚你要表达的中心思想、重点是什么。

• 论证观点

接下来你需要用你准备的论据来论证观点。开头可以用一个故事案例或者一组震撼数字来引起参会人员的兴趣和注意。论据越具体、越详细越好，越具体就越有说服力。过程中要有适当的停顿，尤其在关键点上，适当的停顿可以让你更好地根据现场情况组织语言，更重要的是，可以让参会人员对你的话有更多的理解和思考。

● 加上互动

另外，互动提问也是不可缺少的，提问是为了解决间断性的疑虑，因为最后的反对意见都是间断性疑虑的汇总，同时还能再一次间接或直接重复一下自己提出的观点，进行强化。比如在回答完问题时加一句“所以我才会提议 / 建议……”。当然，最主要的是要做好充分的准备，展现你的观点的可行性、论据的严谨性。

在和项目组一起讨论问题的时候，效率总是比较低，很多时候大家说着说着就说偏了，有什么办法？

● 六顶思考帽

六顶思考帽是一个特别有效的会议组织和思维工具，它的特点就是“平行思维”。

平常开会之所以会出现观点杂乱的情况，是因为你说这件事情好，我说这件事情不好；你说这件事情还有别的办法，他说这件事情就不应该讨论；旁边一个人说这件事情没有事实依据，另外一个人说到了别的事情上……

六顶思考帽是平行思维，在同一个时间点，所有人都考虑同一个方向。

蓝色思考帽：负责控制各种思考帽的使用顺序。小组负责人可负责“蓝色思考帽”，负责推动讨论流程的进行，并做出结论。

白色思考帽：代表中立而客观的意见，只说事实和数据，不许说判断理解，不许说好或者不好。

黑色思考帽：表达负面的意见，找出逻辑上的错误。要注意，不能因为自己赞同这件事情，就不反对它，质疑是一种思考方式。

黄色思考帽：表达正面的意见，给出建设性的观点。

绿色思考帽：负责创新、创意点子的表达。

红色思考帽：代表做决策，决定这件事情推进与否。先罗列事实，然后讲它的好处和坏处，讲新的创意，然后再决策这件事情该做还是不该做。

这种平行思维的方式，有多种不同的运用，但总体的原则是让与会人员在同一时间段保持同一个思路，群策群力，避免出现混乱的局面。

场景 30　突变

很多事情都可以提前做准备，但有时你看似做好了一切准备，却被临时告知有变动，这个时候，你的计划被打乱了，要如何应对这场突变呢？

充分准备的 20 分钟演讲，临上场被告知压缩成 3 分钟，该怎么讲？

这真是一件好事！你本来可能觉得非常“难熬”的 20 分钟，现在只需要 3 分钟就过去了，你应该感到高兴！

20 分钟的演讲，你有可能讲得又臭又长，但变为 3 分钟时，你就可以讲最精彩的部分，这样就更容易让听众达到意犹未尽的效果。

● 不要直接压缩

切忌把准备好的20分钟的内容直接压缩成3分钟。你准备了5000 ~ 6000字的讲稿或腹稿。你想直接把它进行同比例的压缩是不行的，你必须放弃这个想法！你的演讲可不是一床可以被压缩收纳的羽绒被！

● 不要加快语速

你还要避免加快语速。如果语速太快，别人很难记住你讲的内容。

● 说重点

你可以这样做：把PPT停留在首页，或者只展示有演讲目标的一页，其余的都放弃。说清楚本次演讲的目标后，如果还有时间，可以再说一条达成目标的举措。

你也可以这样做：只讲最吸引人的部分，然后说："会后，我会把精心准备的PPT发给你们。"

● 调整你演讲的目的

演讲是有目的的社交沟通，所以"目的"很重要，比如你希望听众做出的决定，希望听众采取行动，或者希望听众获得新观念。为了达成这些目的，你只有用到很多的论据、故事、数据，才能营造氛围，表达情绪。

例如你有一个不错的商业计划，你希望投资人听完你的演讲，对你的产品、服务、团队、市场预期，都有清晰的了解并且有投资意向。那么你就可以把你演讲的目标定为，让投资人对你产生不错的印象，争取加微信约下一次深谈的机会。

我经常会跟我父亲一起去钓鱼，这是一个很复杂的过程，包括选址、打窝、割草、下钩……然后平均花 20 分钟才能钓上一条鱼。如果你告诉我只有 3 分钟的时间，我会直接放弃钓鱼这项活动，改成拿一个网子去捕虾。

我的意见就是你要完全、果断放弃已经准备好的演讲结构和目标，把你打算奉献给听众的那些“礼物”，挑出最闪亮的那一个送出去，然后告诉他们，我这里还有很多更棒的礼物，希望你们加我的微信……

● 坦白紧张

如果你很紧张，完全可以坦白地告诉大家。你可以直接坦白地说因为时间突然被压缩，所以你来不及重新准备内容，就只讲一些大家关心的问题，这样你就会放松很多。

● 尊重时间规则

另外，你可以让主持人或同事、伙伴，在 3 分钟时间快到的时候在台下提醒你一下。你要做个尊重安排的人，而不是试图改变规则。

● 提前完成也是礼物

最后一条建议，若是 20 分钟的演讲，照着 10 ~ 15 分钟准备也是可以的。能够在规定时间之内完成演讲的人，更受人喜爱和尊敬。如果你能提前一小会儿讲完，给人的感觉就像公交车提前到站或者航班提前到达，会让人兴奋。

训练课题

（1）我的 PPT 打开都是乱码，怎么办？

（2）本来要播放一段视频，结果播放不了，怎么办？

致谢

感谢和我共同学习、成长的上百位演讲教练和上万名学员。我喜欢听你们的故事，喜欢和你们共同探讨工作和生活，喜欢和你们一起分享新知，喜欢和你们一起共创事业，是你们让我感受到了“传道、授业”的快乐。教学和辅导，从来都不只是单向给予，而是彼此成就。

尤其是在本书写作的过程中，我得到了各位教练和学员们的支持，他们为本书第四章和第五章提供了精彩的案例和见解。

他们是，演讲教练：许心怡、陈新杰、孙方博、季旭、王涛、江洁、王蓓、张展华、林靖、梁密、邵强、胡睿、李宗英、赵育荣、孙建南、刘丹、孙靖宇、刘可心、李坤鹏、沈思同、刘蕴、梁博渊、张瑞娟、乔燕、王媛、安婷婷、谷雷、舒磊、何超、蔡暨东、虞仕音、郎咸发、樊子铭、李华龙、刘光敏、周红波、苏莹、李海红、朱锐、张丽君、别振博、伍伦、胡欢成、王志平、常磊、薛卓、孙晓晖、陈立荣、胡红彬、乐琪、王方国、张芬、丁秀聪、叶澄诺、李学明、樊双鹂、叶晓黎、张钦、艾华、黄婉羿、余飞扬、黄敏俊、刘燕、李婉超、唐果、覃光伦、马静、谢珊珊、周远恒、林小登、郑惠予、李双、张凌桥、程坤、李丽萍、彭诚、刘培莉、徐啸啸。

以及学员：陈莉、唐英梅、刘丰源、朱益峰、戴灿、王志冬、郝连春、徐翔、于岚、许鑫月、李敏芝、杨建玉、李飏、董仁涛、王芳、邓路、杨阳、成红玲、李坤朋、童俊平。

感谢樊登和樊登读书——我们演讲服务品牌“优而秀”的投资人。在樊登创办读书会之前，我们就一起创设了演讲类的课程，而我也有幸参与了樊登讲的第一本书《高效演讲》的讲书稿的编写工作。此后我们就一直在进行关于“演讲培训和服务”的合作。

感谢我的母校西安交通大学。作为一个偏科严重的“小镇做题家”，我在上大学前，几乎连普通话都没有讲过，却有幸能在这里受到顶尖的教育，尤其是能入选校辩论队。感谢韩鹏杰、陆卫明教授，感谢我的大学语文老师李红，以及许许多多的教练和老师。大学的理工科思维训练和人文启蒙，为我今天从事阅读、思维和表达方面的工作打下了坚实的基础。

感谢我曾就读的北京电影学院文学系，虽然我没有选择编剧作为职业，但文字和影像的力量是相通的，方法是可以迁移的。北京电影学院教给我的知识，没有变成剧本，却让我在不同的行业获得了同样丰富的红利。

感谢我服务了 18 年的中国中央电视台（CCTV）新闻中心和综合频道，感谢我曾经的领导、师父、同事们，还有我服务、合作过的嘉宾们。毫无疑问，平台和职业对我的改变和塑造是巨大的，现在我做演讲教练，就是在“借光”。当初，我怀揣着探索世界的初衷加入 CCTV，后来无论何时回望，这都是我做出的最正确的选择。

感谢我公司的合伙人和同事们，在写书期间，你们不仅包容了我的拖沓，还分担了我的许多工作。感谢本书的合著者，我们“优而秀”项目团队的负责人五顿，他用朝气和韧劲，引领着一个年轻而优秀的团队，做了许多开创性的工作。我也很乐于看到，他还在我们的团队里找到了他的知心爱人，这说明演讲这件事儿，对生活的帮助真的是巨大的。这本书，也是我送给他和林靖的新婚礼物之一。

感谢我的健康而年轻的朋友们。

感谢我的爸爸妈妈，他们没有教过我演讲，但是他们教会了我说话。

感谢我儿子，能成为你的榜样，是我躬耕笔端的动力之一。

陶峻